Realschule Bayern

À toi! 4

Vokabeltaschenbuch

Cornelsen

À toi! 4 Realschule Bayern
Vokabeltaschenbuch

Im Auftrag des Verlages erarbeitet
von der Redaktion Französisch
sowie Anke Kellerhoff (Wilnsdorf)

Illustrationen:
Laurent Lalo

Umschlaggestaltung:
werkstatt für gebrauchsgrafik,
Berlin

Layout und technische Umsetzung:
graphitecture book & edition

Abbildungen: S. 8 *oben*: ClipDealer GmbH/pdesign

Flaggen : Shutterstock.com/
Chris P

www.cornelsen.de

1. Auflage, 1. Druck 2022

Alle Drucke dieser Auflage sind inhaltlich unverändert und können im Unterricht nebeneinander verwendet werden.

Druck: Athesiadruck GmbH

ISBN 978-3-06-1222232-1

PEFC
PEFC/18-31-166

PEFC zertifiziert
Dieses Produkt stammt aus nachhaltig bewirtschafteten Wäldern und kontrollierten Quellen.

www.pefc.de

Sommaire

Liste des mots 5

Dossier 1 5
Dossier 2 18
Dossier 3 31
Dossier 4 48

Les mots pour le dire 65

Verwendete Symbole und Abkürzungen

p. 8	Hier stehen die Vokabeln zu Seite 8 in deinem Buch.
≠	Hier findest du das Gegenteil des Wortes.
=	Hier findest du ein Wort mit gleicher Bedeutung.
→	Hinter diesem Pfeil findest du ein Wort, das zur gleichen Wortfamilie gehört und das du schon gelernt hast.
!	Achtung! Pass hier besonders gut auf.
	Hier siehst du ein englisches Wort, das dem französischen Wort ähnlich ist.
2 25	Hörtext auf der CD zu deinem Buch (z. B. CD 2, Track 25)

▶ Verbes, p. 119 Die Konjugation aller Verben findest du auf den Seiten 119–123 in deinem Buch.

▶ Civilisation, p. 113 Zeigt dir an, dass du im *Petit dictionnaire de civilisation* (Kleines landeskundliches Wörterbuch) in deinem Buch weitere Informationen zu dem Eintrag findest.

adj.	*adjectif* (Adjektiv)
adv.	*adverbe* (Adverb)
f.	*féminin* (weiblich)
fam.	*familier* (umgangssprachlich)
imp.	*impératif* (Imperativ)
inv.	*invariable* (unveränderlich)
inf.	*infinitif* (Infinitiv, Grundform)
m.	*masculin* (männlich)
pl.	*pluriel* (Plural)
qc	*quelque chose* (etwas)
qn	*quelqu'un* (jemand)
sg.	*singulier* (Singular)
etw.	etwas
jdm	jemandem
jdn	jemanden
männl.	männlich
Pers.	Person
Pl.	Plural
Sg.	Singular
ugs.	umgangssprachlich
weibl.	weiblich
wörtl.	wörtlich

.8 **vouloir dire qc** [vulwaʀdiʀ]	*hier:* etw. bedeuten	«Heureux», ça **veut dire** quoi en allemand?
le bonheur [ləbɔnœʀ]	das Glück *Freude, Zufriedenheit*	→ heureux/heureuse
l'enquête [lɑ̃kɛt] *f.*	die Umfrage	Ce magazine fait souvent des **enquêtes**.
pour cent (%) [puʀsɑ̃]	Prozent (%)	23 **pour cent** des jeunes veulent voyager beaucoup.
mener qc [məne]	etw. führen	! je mène
être en couple [ɛtʀɑ̃kupl]	ein Paar sein, zusammen sein	couple
être utile à qn/qc [ɛtʀytil]	jdm / einer Sache nützlich sein	→ utiliser qc
la société [lasɔsjete]	die Gesellschaft	society
la trace [latʀas]	die Spur	Le voleur n'a pas laissé de **trace**.
le passage sur la terre [ləpasaʒsyʀlatɛʀ]	die Zeit auf der Erde	→ passer
riche [ʀiʃ] *adj.*	reich	rich

p. 9 **être important de faire qc** [ɛtʀɛ̃pɔʀtɑ̃də]	wichtig sein, etw. zu tun	Pour moi, **c'est important d'**avoir un travail intéressant.
mieux [mjø] *adv.*	besser	Ça va **mieux**, je ne me sens plus malade.
à plusieurs [aplyzjœʀ]	gemeinsam, mit mehreren zusammen	On fait nos devoirs **à plusieurs**, c'est plus drôle.
la peau [lapo]	die Haut	Tu as été au soleil? Tu as **la peau** rouge!
se sentir bien dans sa peau [səsɑ̃tiʀbjɛ̃dɑ̃sapo]	sich in seiner Haut wohlfühlen	Je suis heureux et je **me sens bien dans ma peau**.
rêver de faire qc [ʀevedə]	davon träumen, etw. zu tun	Je **rêve de** voyager.
le parrain / la marraine [ləpaʀɛ̃/lamaʀɛn]	der Pate / die Patin, der Schirmherr / die Schirmherrin	Qui est **le parrain** de cette ONG?
l'association [lasɔsjasjɔ̃] *f.*	der Verein, die Organisation	association
proposer qc à qn [pʀɔpoze]	jdm etw. vorschlagen, anbieten	(to) propose

10 **dépasser ses limites** [depaseselimit]	seine Grenzen überschreiten	En sport, je veux toujours **dépasser mes limites**.
extrême [ɛkstʀɛm] *m./f. adj.*	extrem	Les sports **extrêmes** me plaisent.
le marathon [ləmaʀatɔ̃]	der Marathon	Mon frère a fait **le marathon** de Paris.
le sable [ləsabl]	der Sand	La mer est belle et **le sable** est chaud.
le Sahara [ləsaˈaʀa]	die Sahara	Il a traversé **le Sahara** à pied.
le Maroc [ləmaʀɔk]	Marokko ▶ Civilisation, p. 114	Alix habite à Rabat, au **Maroc**.
la température [latɑ̃peʀatyʀ]	die Temperatur	L'eau de la mer a quelle **température**?
le participant / la participante [ləpaʀtisipɑ̃/lapaʀtisipɑ̃t]	der Teilnehmer / die Teilnehmerin	→ participer (UK) participant
courir [kuʀiʀ]	laufen, rennen ▶ Verbes, p. 121	! j'**ai** couru → la course

les affaires [lezafɛʀ] *f. pl.*	die Sachen	As-tu préparé tes **affaires** pour demain?
la nourriture [lanuʀityʀ]	die Nahrung, das Essen	Ils n'ont pas assez de **nourriture**.
marocain/marocaine [maʀɔkɛ̃/maʀɔkɛn] *adj.*	marokkanisch	
Rachid El Morabity [ʀaʃitɛlmɔʀabiti]	*marokkanischer Läufer* ▶ Civilisation, p. 113	**Rachid El Morabity** habite au Maroc.
Zagora [zagɔʀa]	*Stadt im Südosten Marokkos*	Fahim vient de **Zagora**, au Maroc.
entier/entière [ɑ̃tje/ɑ̃tjɛʀ] *adj.*	ganz	Ma classe **entière** participe à la course.
pauvre [povʀ] *adj.*	arm	≠ riche
le/la pauvre [lə/lapovʀ]	der/die Arme	≠ le/la riche
fatigué/fatiguée [fatige] *adj.*	müde	Léon est toujours **fatigué** le lundi.
le désert [lədezɛʀ]	die Wüste	 desert
la patience [lapasjɑ̃s]	die Geduld	 patience
avoir mal [avwaʀmal]	Schmerzen haben	J'**ai mal** à la tête.

à ta place [ataplas]	an deiner Stelle	**À ta place**, je ferais mes devoirs maintenant.
le yoga [ləjɔga]	das Yoga	Quand je suis stressé, je fais du **yoga**.
en fait [ɑ̃fɛt]	tatsächlich, eigentlich	**En fait**, je voyage beaucoup pour apprendre des langues.
le rêve [ləʀɛv]	der Traum	→ rêver
abandonner qc [abɑ̃dɔne]	der Traum	J'ai **abandonné** le piano après deux ans.
le but [ləbyt]	das Ziel	Gagner la course, c'est mon **but**.

Dossier 1 | B

12	finalement [finalmɑ̃] *adv.*	letztendlich, schließlich	finally
	vraiment [vʀɛmɑ̃] *adv.*	wirklich	→ vrai/e
	l'éthique [letik] *f.*	die Ethik	L'entreprise pense à son **éthique** de travail.

l'étiquette [letikɛt] *f.*	das Etikett	– D'où vient ce fruit? – C'est sur **l'étiquette**.
dénoncer qn/qc [denɔ̃se]	jdn/etw. anprangern, etw. bemängeln	! nous dénonçons
respecter qn/qc [ʀɛspɛkte]	jdn/etw. achten, jdn/etw. respektieren	→ le respect
le droit [lədʀwa]	das Recht	Aujourd'hui, les femmes ont plus de **droits** qu'autrefois.
le travailleur / la travailleuse [lətʀavajœʀ/latʀavajøz]	der Arbeiter / die Arbeiterin	→ travailler → le travail
les conditions de travail [lekɔ̃disjɔ̃dətʀavaj] *f. pl.*	die Arbeitsbedingungen	condition
depuis [dəpɥi] *adv.*	seitdem	J'ai eu un accident. **Depuis**, je ne fais plus de vélo.
consommer qc [kɔ̃sɔme]	etw. konsumieren, etw. verbrauchen	On doit **consommer** moins d'eau.
la marque [lamaʀk]	die Marke	Léo porte des vêtements de **marque**.

longuement [lɔ̃gmɑ̃] *adv.*	lange	→ long/longue
l'épicerie [lepisʀi] *f.*	das Lebensmittelgeschäft	Nos voisins ont ouvert **une épicerie** bio.
solidaire [sɔlidɛʀ] *m./f. adj.*	solidarisch, *auch:* gemeinnützig, wohltätig	À mon avis, notre société n'est pas assez **solidaire**.
librement [libʀmɑ̃] *adv.*	frei	→ libre
normalement [nɔʀmalmɑ̃] *adv.*	normalerweise	→ normal/e
le/la bénévole [lə/labenevɔl]	der/die Freiwillige	Isaac est **bénévole** dans une association.
apprendre à faire qc [apʀɑ̃dʀ]	lernen, etw. zu tun	Pierre **apprend à** jouer de la guitare.
aider qn à faire qc [ede]	jdm helfen, etw. zu tun	J'**aide** mon frère **à** préparer son exposé.
l'eau potable [lopɔtabl] *f.*	das Trinkwasser	Il manque d'**eau potable** en Afrique.
grâce à qn/qc [gʀɑsa]	dank jdm/etw.	Merci! **Grâce à toi**, j'ai eu une bonne note.
le membre [ləmɑ̃bʀ]	das Mitglied	member

le repas solidaire [ləʀəpasɔlidɛʀ]	*gemeinschaftliches Essen für einen guten Zweck*	On a organisé **un repas solidaire**.
la course des héros [lakuʀsdeeʀo]	*Sponsorenlauf, der in mehreren französischen Städten stattfindet*	Je participe à **la course des héros** de Lyon.
Madagascar [madagaskaʀ]	Madagaskar *Insel im Indischen Ozean*	Victor a passé un mois à **Madagascar**.

Dossier 1 | C

p. 14	ce qui [səki]	was *Relativpronomen*	
	avoir besoin de qc [avwaʀbəzwɛ̃də]	etw. brauchen	
	connecté/connectée [kɔnɛkte] *adj.*	verbunden, *hier:* online	
	d'autres [dotʀ] + *nom pl.*	andere, weitere	Il va nous donner **d'autres** informations.
	préhistorique [pʀeistɔʀik] *m./f.*	préhistorisch	Yves s'intéresse aux hommes **préhistoriques**.

le texto [lətɛksto]	die SMS	J'envoie 50 **textos** par jour à mes amis.
la crise [lakʀiz]	die Krise	C'est **la crise** à la maison.
avoir raison [avwaʀɛzɔ̃]	Recht haben	Je pense que tu **as raison**.
être dépendant/dépendante de qn/qc [ɛtʀdepɑ̃dɑ̃/depɑ̃dɑ̃tdə]	von jdm/etw. abhängig sein	Martin **est dépendant d'**Internet.
ce que [səkə]	was *Relativpronomen*	Tu sais **ce que** je fais ce soir?
déranger qn/qc [deʀɑ̃ʒe]	jdn/etw. stören	! nous dérang**e**ons
garder qn/qc [gaʀde]	etw. behalten, etw. aufbewahren, *auch:* auf jdn/etw. aufpassen	Je **garde** toutes les cartes que ma grand-mère m'envoie.
le journal / ! les journaux [ləʒuʀnal/leʒuʀno]	das Tagebuch, *auch:* die Zeitung	J'écris mon **journal** tous les soirs.
d'un côté [dɛ̃kote]	einerseits	**D'un côté**, Internet, c'est utile.
de l'autre [dəlotʀ]	andererseits	**De l'autre**, on devient vite dépendant.
l'inconvénient [lɛ̃kɔ̃venjɔ̃] *m.*	der Nachteil	≠ l'avantage *m.*

p. 20	**à ne pas (rater)** [anəpaʀate]	den/die/das man nicht (verpassen) sollte	C'est un concert **à ne pas rater**!
	Jamel Debbouze [dʒamɛldəbuz]	*französischer Komiker* ▶ Civilisation, p. 113	Le spectacle de **Jamel Debbouze** est très drôle.
	être difficile de faire qc [ɛtʀdifisildə]	schwierig sein, etw. zu tun	≠ facile
	l'humoriste [lymɔʀist] *m./f.*	der Komiker / die Komikerin	→ l'humour *m.*
	la génération [laʒeneʀasjɔ̃]	die Generation	Ma **génération** a toujours connu Internet.
	s'installer [sɛ̃stale]	an einen Ort ziehen, sich niederlassen ▶ Verbe pronominal, p. 120	Mon frère **s'est installé** à Munich.
	avoir honte de qn/qc [avwaʀɔ̃tdə]	sich wegen jdm/etw. schämen	Tu ne dois pas **avoir honte de** tes fautes.
	grave [gʀav] *m./f. adj.*	schwer, ernst	La faim dans le monde est un problème **grave**.

l'accident [laksidɑ̃] *m.*	der Unfall	🇬🇧 accident
être handicapé/handicapée [ɛtʀɑ̃dikape] *adj.*	eine Behinderung haben	Depuis son accident, Linda **est handicapée**.
le malheur [ləmalœʀ]	das Unglück	≠ le bonheur → malheureux/malheureuse
le départ [lədepaʀ]	der Start, der Beginn	**Le départ** du marathon est à 11 heures.
fort/forte [fɔʀ/fɔʀt] *adj.*	stark	Ma sœur est plus **forte** que moi.
le directeur / la directrice [lədiʀɛktœʀ/ladiʀɛktʀis]	der Leiter / die Leiterin, der Direktor / die Direktorin	Ma mère est **directrice** d'une grande entreprise.
la chance [laʃɑ̃s]	das Glück, *hier:* die Chance	Le prof lui a donné **une chance**.
par cœur [paʀkœʀ]	auswendig	J'ai appris la chanson **par cœur**.
la carrière [lakaʀjɛʀ]	die Karriere	Il a commencé sa **carrière** à 18 ans.

Trainiere die *Version* (Übersetzung F → D) mit dem zu *Dossier 1* passenden Übersetzungstext, S. 116 in deinem Buch.

VOCABULAIRE: la société
(zusätzlicher fakultativer Wortschatz zum Thema „Gesellschaft“)

être optimiste [ɛtʀɔptimist] optimistisch sein
être généreux/généreuse [ɛtʀʒeneʀø/ʒeneʀøz] großzügig sein
faire un don à qn [fɛʀɛ̃dɔ̃] jdm (etw.) spenden
voter pour qn [vɔtepuʀ] jdn wählen
la loi [lalwa] das Gesetz
la justice ≠ l'injustice *f.* [laʒystis/lɛ̃ʒystis] die Gerechtigkeit ≠ die Ungerechtigkeit
l'égalité *f.* ≠ l'inégalité *f.* [legalite/linegalite] die Gleichheit ≠ die Ungleichheit
émigrer ≠ immigrer [emigʀe/imigʀe] auswandern ≠ einwandern
le clandestin / la clandestine [ləklɑ̃dɛstɛ̃/laklɑ̃dɛstin] die nicht aufenthaltsberechtigte Person
le demandeur / la demandeuse d'asile [lədəmɑ̃dœʀ/ladəmɑ̃døzdazil] der Asylbewerber / die Asylbewerberin
la démocratie [lademɔkʀasi] die Demokratie
la dictature [ladiktatyʀ] die Diktatur
le racisme [ləʀasism] der Rassismus
la discrimination [ladiskʀiminasjɔ̃] die Diskriminierung

21 **le porte-bonheur** [ləpɔʀtbɔnœʀ] *inv.*	der Glücksbringer	Est-ce que tu as **un porte-bonheur**?
emporter qc [ɑ̃pɔʀte]	etw. mitnehmen	≠ apporter
se concentrer [səkɔ̃sɑ̃tʀe]	sich konzentrieren ▶ Verbe pronominal, p. 120	Nadifa doit **se concentrer** pour faire ses devoirs.
le porte-clés [ləpɔʀtəkle]	der Schlüsselanhänger	Zut, j'ai perdu mon **porte-clés**.
le personnage [ləpɛʀsɔnaʒ]	die Figur *im Roman, im Film*	Obélix est mon **personnage** de bédé préféré.
rappeler qc à qn [ʀapəle]	jdn an etw. erinnern	Mon portable me **rappelle** les anniversaires.
le but [ləbyt]	das Ziel, *hier:* das Tor	Combien de **buts** est-ce qu'il y a eu dans ce match?
raté/ratée [ʀate] *adj. fam.*	misslungen	Mon gâteau est **raté**.
l'influence [lɛ̃flyɑ̃s] *f.*	der Einfluss	influence

p. 22 **le réacteur** [ləʀeaktœʀ]	der Reaktor	Est-ce qu'il y a des **réacteurs** dans la région?
nucléaire [nykleɛʀ] *m./f. adj.*	Atom-, Nuklear-	Il y a 58 réacteurs **nucléaires** en France.
l'habitant *m.* / **l'habitante** *f.* [labitɑ̃/labitɑ̃t]	der Bewohner / die Bewohnerin	→ habiter
pour cent (%) [puʀsɑ̃]	Prozent (%)	93 **pour cent** des Français recyclent leur papier.
le désavantage [lədezavɑ̃taʒ]	der Nachteil	disadvantage ≠ l'avantage *m.*
protéger qn/qc [pʀɔteʒe]	jdn/etw. schützen	! je protège ! nous protégeons
l'environnement [lɑ̃viʀɔnmɑ̃] *m.*	die Umwelt	environment
produire qc [pʀɔdɥiʀ]	etw. erzeugen, etw. produzieren ▶ comme conduire, p. 121	Ils **produisent** des beaux vélos.

le gaz à effet de serre [ləgazaefɛdsɛʀ]	das Treibhausgas	Les voitures produisent des **gaz à effet de serre**.
responsable [ʀɛspɔ̃sabl] *m./f. adj.*	verantwortlich	responsible
le réchauffement [ləʀeʃofmɑ̃]	die Erwärmung	→ chaud/chaude
le climat [ləklima]	das Klima	Notre **climat** est en train de changer.
23 **les OGM** *(organismes génétiquement modifiés)* [lezoʒeɛm] *m. pl.*	die GVO *(gentechnisch veränderte Organismen)*	Es-tu contre **les OGM**?
le produit [ləpʀɔdɥi]	das Produkt	→ produire qc
recycler qc [ʀəsikle]	etw. recyclen, etw. wiederverwerten	Qu'est-ce que vous **recyclez** chez vous?
le papier [ləpapje]	das Papier	Ne jette pas **le papier** à la poubelle!
le recyclage [ləʀəsiklaʒ]	das Recycling	→ recycler
la tonne [latɔn]	die Tonne	Ce supermarché vend **une tonne** de légumes par jour.

l'arbre [laʀbʀ] *m.*	der Baum	Je rêve d'une ville avec plus d'**arbres**.
l'appareil [lapaʀɛj] *m.*	das Gerät, der Apparat	Je trouve qu'on a trop d'**appareils** à la maison.
électrique [elɛktʀik] *m./f. adj.*	elektrisch	Jonas conduit une voiture **électrique**.
la machine à laver [lamaʃinalave]	die Waschmaschine	Tes vêtements sont dans **la machine à laver**.

Dossier 2 | A

p. 24	**avant de** [avɑ̃də] + *inf.*	bevor, vor	**Avant de** dormir, je lis un livre.
	éteindre qc [etɛ̃dʀ]	etw. ausschalten ▶ Verbes, p. 122	Tu **éteins** parfois ton ordinateur?
	la lumière [lalymjɛʀ]	das Licht	Il n'y a pas assez de **lumière** dans cette salle.
	en veille [ɑ̃vɛj]	im Stand-by-Modus	Je laisse toujours mon ordinateur **en veille**.

de toute façon [dətutfasɔ̃]	sowieso, ohnehin	Je ne peux pas venir au match. **De toute façon**, je n'aime pas le foot.
le casque [ləkask]	der Kopfhörer	
le smartphone [ləsmaʀtfɔn]	das Smartphone	
cassé/cassée [kase] *adj.*	kaputt, zerbrochen	
le scotch [ləskɔtʃ]	der Tesafilm, das Klebeband	
l'avion [lavjɔ̃] *m.*	das Flugzeug	On prend **l'avion** pour aller au Canada.
le sable [ləsabl]	der Sand	J'adore dormir sur **le sable** chaud.
polluer qc [pɔlɥe]	etw. verschmutzen	🇬🇧 (to) pollute
en danger [ɑ̃dɑ̃ʒe]	in Gefahr	🇬🇧 danger
le geste [ləʒɛst]	die Geste, die gute Tat	On fait tous des **gestes** pour la nature.
le confort [ləkɔ̃fɔʀ]	die Bequemlichkeit, der Komfort	**Le confort**, c'est ça qui compte pour moi.
faire un effort [fɛʀɛ̃nefɔʀ]	sich anstrengen	🇬🇧 (to) make an effort

p. 26	**l'éco-délégué** *m.* / **l'éco-déléguée** *f.* [lekodelege]	der/die Umweltbeauftragte *in der Schule*	Nous avons **un éco-délégué** dans notre classe.
	la tolérance [latɔleʀɑ̃s]	die Toleranz	On s'engage pour **la tolérance** au collège.
	le journal / ! les journaux [ləʒuʀnal/leʒuʀno]	die Zeitung, *auch:* das Tagebuch	→ le jour
	Denis Diderot [dənididʀo]	*französischer Schriftsteller und Philosoph (1713–1784)*	**Denis Diderot** travaillait à Paris.
	vouloir dire qc [vulwaʀdiʀ]	*hier:* etw. bedeuten	Qu'est-ce que ce mot **veut dire**?
	améliorer qc [ameljɔʀe]	etw. verbessern	Je veux **améliorer** mon niveau en maths.
	persuader qn de faire qc [pɛʀsɥade]	jdn überreden, etw. zu tun	Hier, Luc a **persuadé** Karine **de** venir.
	s'intéresser à qn/qc [sɛ̃teʀese]	sich für jdn/etw. interessieren	Jabir **s'intéresse au** travail des OGM.

le développement durable [lədevəlɔpmɑ̃dyʀabl]	die nachhaltige Entwicklung	Notre lycée s'engage pour **le développement durable**.
s'informer sur qn/qc [sɛ̃fɔʀmesyʀ]	sich über jdn/etw. informieren	→ l'information *f.*
le déchet [lədeʃɛ]	der Abfall	Mettez vos **déchets** à la poubelle.
travailler en équipe [tʀavajeɑ̃nekip]	im Team arbeiten	Sylvain préfère **travailler en équipe**.
remplacer qn/qc par qn/qc [ʀɑ̃plase]	jdn/etw. durch jdn/etw. ersetzen	! nous remplaçons
en plastique [ɑ̃plastik]	Plastik-, aus Plastik	Il faut recycler les choses **en plastique**.
en verre [ɑ̃vɛʀ]	Glas-, aus Glas	Je préfère les bouteilles **en verre**.
polluant/polluante [pɔlɥɑ̃/pɔlɥɑ̃t] *adj.*	umweltschädlich, verschmutzend	→ polluer
recevoir qc [ʀəsəvwaʀ]	etw. bekommen	Lætitia **reçoit** beaucoup d'invitations.
le label [ləlabɛl]	das Label, das Siegel	Cette ferme bio a reçu **le label** écologique.

éco- [eko]	Öko-	On a reçu le label **éco**-école.
trier qc [tʀije]	etw. trennen *z. B. Müll*	À la maison, nous **trions** les déchets.
propre [pʀɔpʀ] *m./f. adj.*	sauber	Heureusement, la plage est **propre** ici.
l'enveloppe [lɑ̃vəlɔp] *f.*	der Briefumschlag	envelope
la santé [lasɑ̃te]	die Gesundheit	Faire du sport, c'est bon pour **la santé**.
nettoyer qc [netwaje]	etw. reinigen	! je nettoie
espérer faire qc [ɛspeʀe]	hoffen, etw. zu tun	! j'esp**è**re
autant de qc [otɑ̃də]	genauso viel von etw.	On a gagné **autant d'**argent que l'année dernière.

Marc veut faire **plus de** sport.

Je voudrais **moins de** touristes dans ma ville.

Jacques n'a plus **autant de** cheveux qu'autrefois.

la participation [lapaʀtisipasjɔ̃]	die Beteiligung	→ participer participation

Dossier 2 | C

28

le greenwashing [ləgʀinwɔʃiŋ]	das Greenwashing, die Grünfärberei	**Le greenwashing** est un thème important.
ça s'écrit [sasekʀi]	... wird ... geschrieben	«Polluer» **s'écrit** avec deux «l».
être né *m.* / née *f.* [ɛtʀne]	geboren sein	Ma cousine **est née** il y a un mois.
d'après qn/qc [dapʀɛ]	laut jdm/etw., nach jdm/etw.	**D'après** cette carte, il faut tourner à gauche.
laver qc [lave]	etw. waschen	Clara **lave** la voiture de sa mère.
le linge [ləlɛ̃ʒ]	die Wäsche	Il range son **linge** dans l'armoire.
l'appel [lapɛl] *m.*	der Aufruf, *auch:* der Anruf	→ appeler
toucher qn/qc [tuʃe]	jdn/etw. berühren	(to) touch
on parle [ɔ̃paʀl]	es wird gesprochen	Aujourd'hui, **on parle** beaucoup du climat.

la lessive [lalesiv]	das Waschmittel	Mon père achète de **la lessive** bio.
suggérer qc à qn [sygʒeʀe]	etw. andeuten, so tun als ob	**!** je suggè**r**e
convaincre qn [kɔ̃vɛ̃kʀə]	jdn überzeugen ▶ Verbes, p. 121	(to) convince
informer qn [ɛ̃fɔʀme]	jdn informieren	→ l'information *f.*
ne ... que [nəkə]	nur, erst	On a le temps, il **n'**est **que** 8 heures.
biodégradable [bjodegʀadabl] *m./f. adj.*	biologisch abbaubar	Le sac du supermarché n'est pas **biodégradable**.
efficace [efikas] *adj.*	effizient, wirksam	Cette lessive est très **efficace**.
faux/fausse [fo/fos] *adj.*	falsch	≠ vrai/vraie

Dossier 2 | La francophonie en direct

p. 34	**l'hectare** [lɛktaʀ] *m.*	der Hektar *10 000 m²*	Il y a 16 millions d'**hectares** de forêt en France.
	la forêt tropicale [lafɔʀɛtʀɔpikal]	der Regenwald	Nous allons découvrir **la forêt tropicale**.

la Guyane [lagɥijan]	Französisch-Guayana ▶ Civilisation, p. 114	Entre Paris et **la Guyane**, c'est un voyage de 10 heures.
l'Amérique du Sud [lameʀikdysyd] *f.*	Südamerika	La Guyane se trouve en **Amérique du Sud**.
l'écosystème [lekosistɛm] *m.*	das Ökosystem	Il faut protéger **l'écosystème** de la mer.
fragile [fʀaʒil] *m./f. adj.*	empfindlich, zerbrechlich	🇬🇧 fragile
l'activité [laktivite] *f.*	die Tätigkeit, die Aktivität	→ actif/active
menacer qn/qc [mənase]	etw. bedrohen, jdm drohen	! nous menaçons
la construction [lakɔ̃stʀyksjɔ̃]	der Bau, die Konstruktion	→ construire
le barrage [ləbaʀaʒ]	der Damm	Il y a un grand **barrage** sur ce fleuve.
dangereux/dangereuse [dɑ̃ʒəʀø/dɑ̃ʒəʀøz] *adj.*	gefährlich	🇬🇧 dangerous → en danger
la mine [lamin]	die Mine, das Bergwerk	Naël travaille dans une **mine**.
l'or [lɔʀ] *m.*	das Gold	Thibaut m'a offert un bracelet en **or**.
l'électricité [lelɛktʀisite] *f.*	die Elektrizität, der Strom	→ électrique *adj.*

la centrale [lasɑ̃tʀal]	die Zentrale, *hier:* das Kraftwerk	Ils ont construit une **centrale nucléaire**.
renouvelable [ʀənuvəlabl] *m./f. adj.*	erneuerbar	→ nouveau/nouvelle
l'éolienne [leɔljɛn] *f.*	das Windrad	Dans le nord de l'Allemagne, il y a beaucoup d'**éoliennes**.
le panneau solaire / les panneaux solaires [ləpanosɔlɛʀ/lepanosɔlɛʀ]	der Sonnenkollektor	Chez Max, l'électricité vient des **panneaux solaires**.
Sine Moussa Abdou [sinemusaabdu]	*Dorf in Senegal*	Nakou travaille dans une centrale à **Sine Moussa Abdou**.
le parc naturel régional [ləparknatyʀɛlʀeʒjɔnal]	das Naturschutzgebiet *Gebiet nachhaltiger Entwicklung*	On va regarder les animaux dans **le parc naturel régional**.

Trainiere die *Version* (Übersetzung F → D) mit dem zu *Dossier 2* passenden Übersetzungstext, S. 116 in deinem Buch.

VOCABULAIRE: l'environnement
(zusätzlicher fakultativer Wortschatz zum Thema „Umwelt")

la déforestation [ladefɔʀɛstasjɔ̃] die Abholzung
détruire qc [detʀɥiʀ] etw. zerstören
gaspiller qc [gaspije] etw. verschwenden
l'espèce en voie de disparition [lespɛsɑ̃vwadədispaʀisjɔ̃] *f.* die vom Aussterben bedrohte Tier-/Pflanzenart
la zone piétonne [lazonpjetɔn] die Fußgängerzone
la piste cyclable [lapistsiklabl] der Fahrradweg
l'autoroute [lotoʀut] *f.* die Autobahn
l'embouteillage [lɑ̃butɛjaʒ] *m.* der Stau
l'exploitation agricole [lɛksplwatasjɔ̃agʀikɔl] *f.* der landwirtschaftliche Betrieb
l'industrie [lɛ̃dystʀi] *f.* die Industrie
le pétrole [ləpetʀɔl] das Erdöl

Dossier 2 | Compréhension des écrits ▶ Dieser Wortschatz ist fakultativ.

p. 35 **la description** [ladɛskʀipsjɔ̃]	die Beschreibung	description → décrire
en autonomie [ɑ̃nɔtɔnɔmi]	selbstständig	Les élèves apprennent **en autonomie**.
s'adapter à qn/qc [sadapte]	sich an jdn/etw. anpassen ▶ Verbe pronominal, p. 120	(to) adapt
le permis de conduire [ləpɛʀmidəkɔ̃dɥiʀ]	der Führerschein	Il a **le permis de conduire** mais il n'a pas encore de voiture.
nécessaire [nesesɛʀ] *m./f. adj.*	erforderlich, nötig	necessary
le diplôme [lədiplom]	das Prüfungszeugnis, das Diplom	Pour être ingénieur, il faut avoir plusieurs **diplômes**.
la consommation [lakɔ̃sɔmasjɔ̃]	der Verbrauch	→ consommer qc
le concept [ləkɔ̃sɛpt]	das Konzept	J'aime bien **le concept** de cette entreprise.

la visite guidée [lavizitgide]	die Führung	On a fait une **visite guidée** du château.
le/la responsable [lə/laʀɛspɔ̃sabl]	der/die Verantwortliche	→ responsable *adj.*

Dossier 3 | Approches

48 **le service** [ləsɛʀvis]	der Gefallen, die Hilfe	→ servir
retraité/retraitée [ʀətʀete] *adj.*	in Rente	Mon oncle ne travaille plus. Il est **retraité**.
tricoter qc [tʀikɔte]	etw. stricken	Je **tricote** un pull pour mon petit frère.
l'écharpe [leʃaʀp] *f.*	der Schal *aus Wolle*	Mets **une écharpe**, il fait froid dehors!
le petit-fils / la petite-fille [ləpətifis/lapətitfij]	der Enkel / die Enkelin	Émile passe du temps avec son **petit-fils**.
partir en voyage [paʀtiʀɑ̃vwajaʒ]	verreisen	Nos voisins sont **partis en voyage** au Maroc.

bricoler qc [bʀikɔle]	etw. basteln	Mon hobby, c'est **bricoler** des vélos.
l'employé *m.* / **l'employée** *f.* [lɑ̃plwaje]	der Angestellte / die Angestellte	Cette entreprise a 50 **employés**.
l'informaticien *m.* / **l'informaticienne** *f.* [lɛ̃fɔʀmatisjɛ̃/lɛ̃fɔʀmatisjɛn]	der Informatiker / die Informatikerin	→ l'informatique *f.*
en ce moment [ɑ̃səmɔmɑ̃]	zurzeit	Je travaille beaucoup **en ce moment**.
au chômage [oʃomaʒ]	arbeitslos	Véronique est **au chômage** depuis janvier.
le/la fleuriste [lə/laflœʀist]	der Blumenhändler / die Blumenhändlerin	J'ai fait mon stage chez **un fleuriste**.
le camion [ləkamjɔ̃]	der Lastwagen	Ce garage répare surtout des **camions**.
la fleur [laflœʀ]	die Blume	→ le/la fleuriste
p. 49 **l'homme au foyer / la femme au foyer** [lɔmofwaje/ lafamofwaje]	der Hausmann / die Hausfrau	Ma mère est **femme au foyer**.

le cuisinier / la cuisinière [ləkɥizinje/lakɥizinjɛʀ]	der Koch / die Köchin	→ la cuisine
comme [kɔm]	da *Konjunktion am Anfang eines Satzes*	**Comme** il est au chômage, il a beaucoup de temps pour ses enfants.

Elle fait les courses pour sa famille **comme** chaque semaine. (**wie** jede Woche)

Il travaille **comme** infirmier. (**als** Krankenpfleger)

Comme il est malade, il ne peut pas aller à la fête. (**da** er krank ist)

Du kennst *comme* bereits mit der Bedeutung „wie“ oder „als“.

aller chercher qn/qc [aleʃɛʀʃe]	jdn/etw. holen, jdn/etw. abholen	Peux-tu **aller chercher** ta sœur à la maternelle?
soigner qn [swaɲe]	jdn pflegen	Comme Léa est malade, sa mère la **soigne**.

p. 50	**je pourrais** [ʒəpuʀɛ]	ich könnte	→ pouvoir
	le départ [lədepaʀ]	der Start	→ partir
	travailler en équipe [tʀavajeɑ̃nekip]	im Team arbeiten	Juliette n'aime pas trop **travailler en équipe**.
	l'autre [lotʀ] *m./f.*	der/die/das andere	Est-ce que tu as invité les **autres** à la fête?
	en plein air [ɑ̃plɛnɛʀ]	im Freien	L'été, j'adore manger **en plein air**.
	le jardinier / la jardinière [ləʒaʀdinje/laʒaʀdinjɛʀ]	der Gärtner / die Gärtnerin	→ le jardin
	le/la guide [lə/lagid]	der (Reise-)Führer / die (Reise-)Führerin	🇬🇧 guide
	la technique [latɛknik]	die Technik	Je n'aime pas **la technique**.
	la machine [lamaʃin]	die Maschine	Dalila construit **une machine** en cours de techno.
	le contact [ləkɔ̃takt]	der Kontakt	→ contacter
	conseiller qn [kɔ̃seje]	jdm einen Rat geben	→ le conseil

la banque [labɑ̃k]	die Bank *Geldinstitut*	Je dois passer par **la banque**.
l'agence de voyage [laʒɑ̃sdəvwajaʒ] *f.*	das Reisebüro	Cette **agence de voyage** est spécialiste des voyages pas chers.
le domaine [lədɔmɛn]	der Bereich, das Gebiet	Je voudrais faire un métier dans **le domaine** social parce que j'aime aider les autres.
social/sociale/sociaux/sociales [sɔsjal/sɔsjo/sɔsjal] *adj.*	sozial	Je voudrais faire un métier **social** parce que j'aime aider les autres.
créatif/créative [kʀeatif/kʀeativ] *adj.*	kreativ	Nathan adore dessiner. Il est très **créatif**.
le/la styliste [lə/lastilist]	der Stylist / die Stylistin	→ le style
la concurrence [lakɔ̃kyʀɑ̃s]	die Konkurrenz	**La concurrence** est grande pour les acteurs.
le menuisier / la menuisière [ləmənɥizje/lamənɥizjɛʀ]	der Tischler / die Tischlerin, der Schreiner / die Schreinerin	→ la menuiserie
tu devrais [tydəvʀɛ]	du solltest	→ devoir

Merke dir diese häufig gebrauchten Verbformen (*conditionnel présent*).

Tu voudrais faire un stage dans une école?	vouloir → je/tu voudrais
J'aimerais travailler comme styliste.	aimer → j'/tu aimerais
Tu pourrais demander à tes profs.	pouvoir → je/tu pourrais
Tu devrais travailler dans le domaine social.	devoir → je/tu devrais

se renseigner [səʀɑ̃seɲe] — sich erkundigen ▶ Verbe pronominal, p. 120

Je voudrais **me renseigner** pour un stage.

VOCABULAIRE: les métiers

(zusätzlicher fakultativer Wortschatz zum Thema „Berufe")

l'assistant social *m.* / l'assistante sociale *f.* [lasistɑ̃sɔsjal/ lasistɑ̃tsɔsjal] der/die Sozialarbeiter/in

l'électricien *m.* / l'électricienne *f.* [lelɛktʀisjɛ̃/lelɛktʀisjɛn] der/die Elektriker/in

l'éleveur *m.* / l'éleveuse *f.* [leləvœʀ/leləvøz] der/die Tierzüchter/in

le/la journaliste [lə/laʒuʀnalist] der/die Journalist/in

le/la photographe [lə/lafɔtɔgʀaf]
der/die Fotograf/in

le plombier / la plombière [ləplɔ̃bje/laplɔ̃bjɛʀ]
der/die Klempner/in

le policier / la policière [ləpɔlisje/lapɔlisjɛʀ]
der/die Polizist/in

le/la secrétaire [lə/lasəkʀetɛʀ]
der/die Sekretär/in

Dossier 3 | B

52 **le pâtissier / la pâtissière** [ləpɑtisje/lapɑtisjɛʀ]	der Konditor / die Konditorin	→ la pâte
la formation [lafɔʀmasjɔ̃]	die Ausbildung	Alban fait **une formation** de fleuriste.
la pâtisserie [lapɑtisʀi]	die Konditorei, die Konditorware	→ le pâtissier / la pâtissière → la pâte
le boulanger / la boulangère [ləbulɑ̃ʒe/labulɑ̃ʒɛʀ]	der Bäcker / die Bäckerin	→ la boulangerie

le compagnon / la compagne [ləkɔ̃paɲɔ̃/lakɔ̃paɲ]	der Geselle / die Gesellin, *auch:* der Partner / die Partnerin	J'ai appris la menuiserie chez les **compagnons** du Tour de France.
poursuivre qc [puʀsɥivʀ]	etw. weitermachen ▶ comme suivre, p. 123	Félix **poursuit** l'allemand jusqu'en seconde.
Les compagnons du devoir et du Tour de France [lekɔ̃paɲɔ̃dydevwaʀedy tuʀdəfʀɑ̃s]	*Organisation in Frankreich, mit der Jugendliche eine Handwerksausbildung machen können*	Je fais une formation chez **Les compagnons du devoir et du Tour de France**.
à l'étranger [aletʀɑ̃ʒe]	im/ins Ausland	Je voudrais passer un an **à l'étranger**.
la Suisse [lasɥis]	die Schweiz ▶ Civilisation, p. 114	Stéphanie vient de Lausanne, en **Suisse**.
l'École Nationale de la Pâtisserie [lekɔlnasjɔnaldəlapɑtisʀi] *f.*	*Fachschule für Konditorei*	Zoé a eu une place à **l'École Nationale de la Pâtisserie** de Paris.
suivre qn/qc [sɥivʀ]	jdm/etw. folgen, *hier:* (Unterricht) nehmen ▶ Verbes, p. 123	! **j'ai** suivi

Je **suis** des cours de piano.
(Ich nehme Klavierunterricht.)

Je **suis** infirmière.
(Ich bin Krankenschwester.)

le concours [ləkɔ̃kuʀ]	der Wettbewerb	Nous participons à **un concours** de danse.
commencer à faire qc [kɔmɑ̃se]	anfangen, etw. zu tun	! nous commençons
l'ouvrier *m.* / l'ouvrière *f.* [luvʀije/luvʀijɛʀ]	der Handwerker / die Handwerkerin	**Un ouvrier** est venu pour réparer la porte.
le «Meilleur ouvrier de France» [ləmɛjœʀuvʀijedə fʀɑ̃s]	*Handwerkerwettbewerb in Frankreich*	**Le «Meilleur ouvrier de France»** est un concours.
décider de faire qc [deside]	beschließen, etw. zu tun	(to) decide
créer qc [kʀee]	etw. gründen, *auch:* etw. schaffen	→ créatif
Bordeaux [bɔʀdo]	*Stadt im Südwesten Frankreichs*	**Bordeaux** est une ville sur la côte atlantique.

la boutique [labutik]	das Geschäft	Je voudrais ouvrir **une boutique** à Montpellier.
le désavantage [lədezavɑ̃taʒ]	der Nachteil	disadvantage ≠ l'avantage *m.*
longtemps [lɔ̃tɑ̃] *adv.*	lange	Tu veux rester **longtemps** à la fête?
la possibilité [lapɔsibilite]	die Möglichkeit	possibility
complémentaire [kɔ̃plemɑ̃tɛʀ] *m./f. adj.*	ergänzend, zusätzlich	Madame Leroy va vous poser quelques questions **complémentaires**.
le salaire [ləsalɛʀ]	das Gehalt	salary
brut/brute [bʀyt] *adj.*	brutto *bevor man Steuern bezahlt hat*	C'est quoi, ton salaire **brut** par mois?
net/nette [nɛt] *adj.*	netto *nachdem man Steuern bezahlt hat*	Il veut connaître son salaire **net**.

4	**les tâches ménagères** [letɑʃmenaʒɛʀ] *f. pl.*	die Haushaltstätigkeiten	Mon père s'occupe des **tâches ménagères**.
	mettre la table [mɛtʀlatabl]	den Tisch decken	Aude et Bruno **mettent la table** tous les soirs.
	débarrasser qc [debaʀase]	etw. abräumen, etw. ausräumen	Ils **débarrassent** la table après le repas.
	le lave-vaisselle [ləlavvɛsɛl]	die Spülmaschine	Tu as déjà tout mis dans **le lave-vaisselle**?
	descendre les poubelles [desɑ̃dʀlepubɛl]	den Müll hinuntertragen	! **j'ai** descendu
	d'un côté [dɛ̃kote]	einerseits	**D'un côté**, j'ai de la chance: j'ai trouvé un job d'été.
	de l'autre [dəlotʀ]	andererseits	Mais **de l'autre**, je travaille tout l'été.
	le forfait [ləfɔʀfɛ]	die Flatrate, das Guthaben	Mon **forfait** de portable coûte 10,99 € par mois.

l'indépendance [lɛ̃depɑ̃dɑ̃s] *f.*	die Unabhängigkeit	independence
responsable (de) [ʀɛspɔ̃sabl] *m./f. adj.*	verantwortlich (für)	responsible
passer l'aspirateur [paselaspiʀatœʀ]	staubsaugen	Je **passe l'aspirateur** une fois par mois.
le linge [ləlɛ̃ʒ]	die Wäsche	Est-ce que **le linge** est sec?
nettoyer qc [netwaje]	etw. reinigen	! je nettoie
sortir le chien [sɔʀtiʀləʃjɛ̃]	mit dem Hund Gassi gehen, den Hund ausführen	! j'**ai** sorti

Rokia est descendue du bus.

Maya a descendu les poubelles.

Grégoire et Mélanie sont sortis du cinéma.

Philippe et son frère ont sorti le chien.

demander à qn de faire qc [dəmɑ̃de]	jdn bitten, etw. zu tun	La prof a **demandé à** la classe **de faire** des gâteaux.
faire le ménage [fɛʀləmenaʒ]	putzen, den Haushalt machen	Quand je suis stressé, je **fais le ménage**.
la note [lanɔt]	die Note	Je n'ai pas de très bonnes **notes**.
le petit boulot [ləpətibulo] *fam.*	der Nebenjob	J'ai trouvé **un petit boulot**.
dépenser qc [depɑ̃se]	etw. ausgeben *Geld*	David **dépense** 20 € tous les week-ends.
économiser qc [ekɔnɔmize]	etw. sparen	≠ dépenser
le beau-père / la belle-mère [ləbopɛʀ/labɛlmɛʀ]	der Stiefvater / die Stiefmutter, *auch:* der Schwiegervater / die Schwiegermutter	Igor s'entend bien avec son **beau-père**.
dire à qn de faire qc [diʀ]	jdm sagen, er/sie soll etw. tun	Hier, Abbas a **dit à** son frère **de** venir avec nous.

p. 60	**Abidjan** [abidʒɑ̃]	*größte Stadt der Elfenbeinküste*	**Abidjan** était la capitale jusqu'en 1983.
	la Côte d'Ivoire [lakotdivwaʀ]	Elfenbeinküste ▶ Civilisation, p. 114	Emmanuel vient de **Côte d'Ivoire**.
	la paix [lapɛ]	der Frieden	Aujourd'hui, l'Europe est en **paix**.
	l'ingénieur *m.* / **l'ingénieure** *f.* [lɛ̃ʒenjœʀ]	der Ingenieur / die Ingenieurin	Gustave Eiffel était **ingénieur**.
	l'électricité [lelɛktʀisite] *f.*	die Elektrizität, der Strom	→ électrique
	à la place de qn/qc [alaplasdə]	anstelle von jdm/etw.	Bruno jouera le match **à la place de** Florian.
	Lausanne [lozan]	*Stadt in der französischsprachigen Schweiz*	**Lausanne** est une ville en Suisse où on parle français.
	la neige [lanɛʒ]	der Schnee	→ neiger
	faire du ski [fɛʀdyski]	Ski fahren	J'aime l'hiver parce que j'adore **faire du ski**.
	les Alpes [lezalp] *f. pl.*	die Alpen	On part en vacances dans **les Alpes**.

la lavande [lalavɑ̃d]	der Lavendel	En Provence, il y a beaucoup de **lavande**.
le mont Rose [ləmɔ̃ʀoz]	*Gebirgsmassiv, das in der Schweiz und in Italien liegt*	La vue du **mont Rose** est magnifique.
le tram [lətʀam]	die Straßenbahn, die Tram	Geoffroy va au lycée en **tram**.
solaire [sɔlɛʀ] *m./f. adj.*	Sonnen-, Solar-	→ le soleil
le pétrole [ləpetʀɔl]	das Erdöl	**Le pétrole** coûte cher.
le robot [ləʀɔbo]	der Roboter	En 2050, j'aurai **un robot** qui travaillera pour moi.
transformer qc en qc [tʀɑ̃sfɔʀme]	etw. zu etw. umformen	(to) transform
la pilule [lapilyl]	die Tablette, die Pille	Henri prend **une pilule** parce qu'il s'est fait mal à la tête.

Trainiere die *Version* (Übersetzung F → D) mit dem zu *Dossier 3* passenden Übersetzungstext, S. 117 in deinem Buch.

VOCABULAIRE: Le monde du travail
(zusätzlicher fakultativer Wortschatz zum Thema „Arbeitswelt")

le travail à temps plein / à temps partiel [lətʀavajatɑ̃plɛ̃/atɑ̃paʀsjɛl] die Vollzeit-/Teilzeitarbeit
le poste [ləpɔst] die Arbeitsstelle
le contrat de travail [ləkɔ̃tʀadətʀavaj] der Arbeitsvertrag
le demandeur / la demandeuse d'emploi [lədəmɑ̃dœʀ/ladəmɑ̃døzdɑ̃plwa] der/die Arbeitssuchende
recruter qn [ʀəkʀyte] jdn einstellen
le SMIC *(salaire minimum interprofessionnel de croissance)* [ləsmik] *Mindestlohn in Frankreich*
le RSA *(revenu de solidarité active)* [ləʀəvənydəsɔlidaʀiteaktiv] *Grundsicherung, die allen Franzosen ein Mindesteinkommen garantiert*
faire grève [fɛʀgʀɛv] streiken
se faire licencier [səfɛʀlisɑ̃sje] entlassen werden
s'inscrire au Pôle-emploi [sɛ̃skʀiʀopolɑ̃plwa] sich arbeitssuchend melden

Dossier 3 | Compréhension des écrits ▶ Dieser Wortschatz ist fakultativ.

le témoignage [lətemwaɲaʒ]	der Bericht, die Zeugenaussage	Il a écrit **un témoignage** intéressant sur sa vie en Afrique.
redoubler [ʀəduble]	sitzenbleiben, wiederholen	Mon frère doit **redoubler** la sixième.
après avoir [apʀɛzavwaʀ] + *participe passé*	nachdem	**Après avoir** été au cinéma, André est rentré chez lui.
le contrat [ləkɔ̃tʀa]	der Vertrag	contract
s'engager à faire qc [sɑ̃gaʒe]	sich verpflichten, etw. zu tun	**!** nous nous engageons
arriver à l'heure [aʀivealøʀ]	pünktlich kommen	≠ arriver en retard
enlever qc [ɑ̃ləve]	etw. abnehmen, etw. ausziehen	**!** j'enlève
prévenir qn [pʀevəniʀ]	jdm Bescheid sagen ▶ comme venir, p. 123	J'ai **prévenu** le prof hier que je ne vais pas être là pour l'interro.
le souvenir [ləsuvəniʀ]	die Erinnerung	Fahim a un bon **souvenir** de ses vacances.
le formateur / la formatrice [ləfɔʀmatœʀ/lafɔʀmatʀis]	der Ausbilder / die Ausbilderin	→ la formation
le/la stagiaire [lə/lastaʒjɛʀ]	der Praktikant / die Praktikantin	→ le stage

l'atelier [latəlje] *m.*	der Workshop	J'ai participé à **un atelier** de théâtre.
Je suis content/contente qu'ils me fassent confiance. [ʒəsɥikɔ̃tɑ̃/kɔ̃tɑ̃tkilməfaskɔ̃fjɑ̃s]	Ich bin froh, dass sie mir vertrauen.	**Je suis contente** qu'ils me fassent confiance.
la façon [lafasɔ̃]	die Art und Weise	J'aime bien sa **façon** de danser.
se remettre à niveau [səʀəmɛtʀanivo]	den Wissensstand aufholen	Après deux mois de vacances, il faut **se remettre à niveau**!
la base [labaz]	die Grundlage, die Basis	Je ne suis pas bon en guitare mais j'ai des bonnes **bases**.
concret/concrète [kɔ̃kʀɛ/kɔ̃kʀɛt] *adj.*	konkret, lebensnah	Nous apprenons des choses **concrètes**.

Dossier 4 | Approches

p. 62	**le moteur** [ləmotœʀ]	der Motor	Mon frère adore réparer de vieux **moteurs**.
	le siècle [ləsjɛkl]	das Jahrhundert	L'histoire du 20ᵉ **siècle** m'intéresse.

persécuter qn [pɛʀsekyte]	jdn verfolgen *negativ*	(to) persecute
le/la philosophe [lə/lafilɔzɔf]	der Philosoph / die Philosophin	Voltaire était un grand **philosophe**.
il/elle a vécu [il/ɛlaveky]	er/sie hat gelebt	Frédéric II **a vécu** au 18e siècle.
mort/morte [mɔʀ/mɔʀt] *adj.*	tot, gestorben	Mon chien est **mort** il y a trois ans.
le roi / la reine [ləʀwa/laʀɛn]	der König / die Königin	Aujourd'hui, il n'y a plus de **rois** en France.
la Prusse [lapʀys]	Preußen	Frédéric II était roi de **Prusse**.
le château de Sanssouci [ləʃatodəsɑ̃susi]	*Schloss in Potsdam. „Sans souci" bedeutet „ohne Sorge".*	**Le château de Sanssouci** était le château de Frédéric II.
se disputer [sədispyte]	sich streiten ▶ Verbe pronominal, p. 120	Je **me dispute** souvent avec ma sœur.
pendant longtemps [pɑ̃dɑ̃lɔ̃tɑ̃]	lange Zeit	Mes grands-parents se sont écrits des lettres **pendant longtemps**.
la guerre [lagɛʀ]	der Krieg	≠ la paix
le soldat / la soldate [ləsɔlda/lasɔldat]	der Soldat / die Soldatin	Après la guerre, les **soldats** sont rentrés dans leurs pays.
l'empereur *m.* **/ l'impératrice** *f.* [lɑ̃pʀœʀ/lɛ̃peʀatʀis]	der Kaiser / die Kaiserin	emperor

le château de Versailles [ləʃatodəvɛʀsaj]	*Schloss in der Nähe von Paris. Vom 17. bis zum 19. Jhd. Hauptresidenz der Könige von Frankreich.*	Les jardins du **château de Versailles** sont magnifiques.
la tranchée [latʀɑ̃ʃe]	der Schützengraben	Les soldats ont passé trois ans dans les **tranchées**.
Verdun [vɛʀdɛ̃]	*Stadt im Nordosten Frankreichs*	En 1916, 320 000 soldats français et allemands sont morts à **Verdun**.
l'un de l'autre / l'une de l'autre [lɛ̃dəlotʀ/lyndəlotʀ]	voneinander entfernt	Les villes de Dresde et Chemnitz ne sont pas loin **l'une de l'autre**.
mondial/mondiale/ mondiaux/mondiales [mɔ̃djal/mɔ̃djo/mɔ̃djal] *adj.*	Welt-	→ le monde
l'armée [laʀme] *f.*	die Armee	**L'armée** allemande est entrée dans Paris en 1940.
occuper qc [ɔkype]	etw. besetzen	(to) occupy
p. 63 le chancelier / la chancelière [ləʃɑ̃səlje/laʃɑ̃səljɛʀ]	der Kanzler / die Kanzlerin	chancellor
le président / la présidente [ləpʀezidɑ̃/lapʀezidɑ̃t]	der Präsident / die Präsidentin	Charles de Gaulle était **président**.

signer qc [siɲe]	etw. unterschreiben	(to) sign
le traité de l'Élysée [lətʀetedəlelize]	*deutsch-französischer Freundschaftsvertrag*	**Le traité de l'Élysée** a été très important pour les relations franco-allemandes.
depuis [dəpyi] *adv.*	seitdem	**Depuis**, je ne mange plus de viande.
être né *m.* / née *f.* [ɛtʀne]	geboren sein	Le fils de mon frère **est né** hier.
Grenoble [gʀənɔbl]	*Stadt im Südosten Frankreichs*	Alice habite à **Grenoble**.
prévoir qc [pʀevwaʀ]	etw. vorsehen, (ein)planen ▶ comme voir, p. 123	→ voir
la coopération [lakoɔpeʀasjɔ̃]	die Zusammenarbeit	cooperation
le domaine [lədomɛn]	der Bereich, das Gebiet	**Le domaine** du climat m'intéresse beaucoup.
le climat [ləklima]	das Klima	Notre **climat** est en danger!
les nouvelles technologies [lenuvɛltɛknɔlɔʒi] *f. pl.*	die neuen Medien	Ma mère adore **les nouvelles technologies**.
la société numérique [lasɔsjetenymeʀik]	die digitale Gesellschaft	Nous vivons dans **une société numérique**.

la (double) nationalité [ladublnasjɔnalite]	die (doppelte) Staatsbürgerschaft	Mon père est Allemand et ma mère est Anglaise alors j'ai **la double nationalité**.
Clermont-Ferrand [klɛʀmɔ̃fɛʀɑ̃]	*Stadt im Zentrum von Frankreich*	Est-ce que tu es déjà allé à **Clermont-Ferrand**?
être jumelé/jumelée [ɛtʀʒyməle]	eine Städtepartnerschaft haben	Ma ville **est jumelée** avec Saint-Malo.
exporter qc [ɛkspɔʀte]	etw. exportieren	L'entreprise **exporte** des voitures.

Dossier 4 | A

p. 65	le séjour [ləseʒuʀ]	der Aufenthalt	Notre **séjour** en France était magnifique.
	espérer faire qc [ɛspeʀe]	hoffen, etw. zu tun	! j'espère
	le progrès [ləpʀɔgʀɛ]	der Fortschritt	progress
	la raison [laʀɛzɔ̃]	der Grund	reason
	faire plaisir à qn [fɛʀpleziʀ]	jdm eine Freude machen	J'adore **faire plaisir** à mon petit frère.

le service militaire [ləsɛʀvismilitɛʀ]	der Wehrdienst	Arnaud fait son **service militaire**.
la LV1 *(Langue vivante 1)* [laɛlveɛ̃]	die erste Fremdsprache *in der Schule*	Comme **LV1**, j'ai choisi anglais.
selon qn/qc [səlɔ̃]	laut jdm/etw., nach jdm/etw.	= d'après
il est important de + *inf.* [ileɛ̃pɔʀtɑ̃də]	es ist wichtig, etw. zu tun	→ important
de plus [dəplys]	außerdem	Elise est très bonne en maths. **De plus**, elle parle l'anglais et l'arabe.
énormément [enɔʀmemɑ̃] *adv.*	sehr, sehr viel	Alex a **énormément** travaillé pour l'examen.
rêver de faire qc [ʀevedə]	davon träumen, etw. zu tun	Damien **rêve de** partir aux États-Unis.
le Rhin [ləʀɛ̃]	der Rhein	
le TER *(Transport express régional)* [ləteøɛʀ]	*die Regionalbahn in Frankreich*	
le TGV *(Train à grande vitesse)* [ləteʒeve]	der TGV *Hochgeschwindigkeitszug, fährt bis zu 320 km/h*	

tenir le coup [tənirləku]	durchhalten ▶ comme venir, p. 123	Je dois **tenir le coup** ce week-end!
Ça n'en finit plus! [sanɑ̃finiply]	Das nimmt kein Ende!	Les devoirs, les interros **ça n'en finit plus**.
arrêter de faire qc [aʀɛtedə]	aufhören, etw. zu tun	Mon père **a arrêté de** fumer il y a un an.
soûler qn [sule] *fam.*	jdn nerven	Arrête! Tu me **soûles**!
constamment [kɔ̃stamɑ̃] *adv.*	ständig	constantly
même si [mɛmsi]	auch wenn	Je ne vais pas faire ce voyage **même si** mes parents le veulent bien.
Sois calme. [swɑkalm]	Bleib ruhig.	Tu as bien préparé l'interro. **Sois calme**.
Je n'en peux plus! [ʒənɑ̃pøply]	Ich kann nicht mehr!	Le voyage est long, **je n'en peux plus**!
p. 66 **N'aie pas peur.** [nɛpapœʀ]	Hab keine Angst.	Ce chien est gentil. **N'aie pas peur**.
l'abeille [labɛj] *f.*	die Biene	Il y a beaucoup d'**abeilles** dans ce parc.
hallucinant/hallucinante [alysinɑ̃/alysinɑ̃t] *adj.*	*hier:* unfassbar	Le voyage est long, **hallucinant**!

In der französischen Umgangssprache:
- „verschluckt“ man Laute: chais pas, j’peux écouter, y a ta mèche ...
- spricht man kein Verneinungs-*ne*: y a ta mèche qui va pas
- kürzt man gerne ab: le/la correspondant/e → le/la corres
- verwendet man andere Wörter als schriftlich: Ça m’a soûlé! Hallucinant!

accompagner qn [akɔ̃paɲe]	jdn begleiten	Mon pote m’**accompagne** toujours à mes matchs.
gentiment [ʒɑ̃timɑ̃] *adv.*	freundlich	→ gentil/le
tendre la main à qn [tɑ̃dʀlamɛ̃]	jdm die Hand geben ▶ comme attendre, p. 120	Quand je suis arrivé, ma corres m’a **tendu la main**.
le sourire [ləsuʀiʀ]	das Lächeln	Adèle a un très beau **sourire**.
le signe [ləsiɲ]	das Zeichen	sign
Je suis dégoûté/dégoûtée! [ʒesɥidegute] *fam.*	Das ist ätzend! Das kotzt mich an!	Mon frère a un portable mais pas moi. **Je suis dégoûté/e**.
le parking [ləpaʀkiŋ]	der Parkplatz	Notre voiture est sur **le parking**.

l'ordre [lɔʀdʀ] *m.*	die Ordnung, *auch:* die Reihenfolge	
la valise [lavaliz]	der Koffer	
le genou / ! les genoux [ləʒənu/leʒənu]	das Knie	
le coffre [ləkɔfʀ]	der Kofferraum	
un truc du genre [ɛ̃tʀykdyʒɑ̃ʀ] *fam.*	irgendsowas wie ...	Il a dit **un truc du genre** «j'ai pas envie».
le charabia [ləʃaʀabja]	das Kauderwelsch	Je ne comprends pas, c'est du **charabia**.
le boxeur / la boxeuse [ləbɔksœʀ/labɔksøz]	der Boxer / die Boxerin	Les **boxeurs** à la télé sont costauds.
vivre [vivʀ]	leben	→ la vie
ne ... pas ... non plus [nəpanɔ̃ply]	auch nicht	Vous **n'**allez **pas** venir à mon anniversaire **non plus**?
mal à l'aise [malalɛz]	unwohl	Je me sens **mal à l'aise** avec lui.
s'installer [sɛ̃stale]	*hier:* sich setzen	On **s'est installés** dans le salon.

le jambon [ləʒɑ̃bɔ̃]	der Schinken	Peux-tu acheter du **jambon** et du fromage?
la pâte à tartiner [lapɑtataʀtine]	der Brotaufstrich	→ la tartine
l'avocat [lavɔka] *m.*	die Avocado	Je n'aime pas trop **l'avocat**.
sortir qc [sɔʀtiʀ]	*hier:* etw. herausholen	! j'**ai** sorti
mystérieux/mystérieuse [misteʀjø/misteʀjøz] *adj.*	geheimnisvoll	Ce garçon a l'air **mystérieux**.
pendant que [pɑ̃dɑ̃kə] *conj.*	während	**Pendant que** je préparais la pâte, ma mère coupait les pommes.
sûr/sûre [syʀ] *adj.*	sicher	Il est **sûr** qu'il faut tourner à gauche.
dedans [dədɑ̃] *adv.*	darin	Ils m'ont offert une boîte. **Dedans**, il y avait un bracelet.
la batterie [labatʀi]	das Schlagzeug	Alissa joue de **la batterie**.
le musicien / la musicienne [ləmyzisjɛ̃/lamyzisjɛn]	der Musiker / die Musikerin	→ la musique

	d'ailleurs [dajœʀ]	übrigens	Je n'ai pas fait les courses. Papa non plus **d'ailleurs**.
p. 67	**coiffé/coiffée** [kwafe] *adj.*	gekämmt, frisiert	→ se coiffer
	freiner [fʀene]	bremsen	Sur mon vélo, on peut seulement **freiner** avec les pieds.
	la pédale [lapedal]	das Pedal	Je dois réparer **la pédale** de mon vélo.
	arriver à faire qc [aʀive]	es schaffen, etw. zu tun	Je n'**arrive** pas très bien **à** jouer au volley.
	prêter qc à qn [pʀete]	jdm etw. leihen	Est-ce que tu peux me **prêter** ton livre?
	rouler [ʀule]	fahren, rollen	! j'**ai** roulé
	se changer [səʃɑ̃ʒe]	sich umziehen	Bayram veut **se changer** avant la fête.
	être gêné/gênée [ɛtʀʒene]	etw. ist jdm peinlich, sich schämen	Carmen **est gênée** parce qu'elle a oublié le cadeau.
	le maillot de bain [ləmajodəbɛ̃]	der Badeanzug, die Badehose	On va à la mer, alors prends ton **maillot de bain**.

se cacher [səkaʃe]	sich verstecken	Mon chien **se cache** souvent sous mon lit.
se souvenir de qn/qc [səsuvəniʀdə]	sich an jdn/etw. erinnern ▶ comme venir, p. 123	→ le souvenir
la Bretagne [labʀətaɲ]	die Bretagne	La côte de **la Bretagne** est magnifique.
la Bourgogne [labuʀgɔɲ]	Burgund	On a fait le tour de **la Bourgogne** à vélo.
en détail [ɑ̃detaj]	ausführlich	in detail
punk [pœnk] *m./f. adj.*	Punk-	Cédric adore la musique **punk**.
au bout d'un moment [obudɛ̃mɔmɑ̃]	nach einer Weile	**Au bout d'un moment**, je suis rentré à la maison.
en arrière [ɑ̃naʀjɛʀ]	zurück	Ne regarde pas **en arrière** et pense à l'avenir.
ne pas faire grand-chose [nəpɑfɛʀgʀɑ̃ʃoz] *fam.*	nicht viel tun	Le week-end dernier, je **n'ai pas fait grand-chose**.

prendre des notes [pʀɑ̃dʀdenɔt]	Notizen machen	
pleurer [plœʀe]	weinen	
le mouchoir [ləmuʃwaʀ]	das Taschentuch	
longtemps [lɔ̃tɑ̃] *adv.*	lange	
le départ [lədepaʀ]	die Abreise	→ partir
Je n'arrive pas à y croire. [ʒənaʀivpazaikʀwaʀ]	Ich kann es kaum glauben.	J'ai eu 20 sur 20 en SVT, **je n'arrive pas à y croire**!
après-demain [apʀɛdəmɛ̃] *adv.*	übermorgen	Mes cousins arrivent **après-demain**.

Dossier 4 | B

p. 71 **excellent/excellente** [ɛkselɑ̃/ɛkselɑ̃t]	hervorragend	excellent
le doute [lədut]	der Zweifel	doubt
hésiter à faire qc [ezite]	zögern, etw. zu tun	(to) hesitate

améliorer qc [ameljɔrə]	etw. verbessern	Je dois **améliorer** mes notes en maths.
d'un côté [dɛ̃kote]	einerseits	**D'un côté**, je voudrais faire cet échange.
de l'autre [dəlotʀ]	andererseits	**De l'autre**, j'ai un peu peur.
peser le pour et le contre [pəzeləpuʀeləkɔ̃tʀ]	das Für und Wider abwägen	J'ai **pesé le pour et le contre**, mais je n'arrive pas à me décider.
la décision [desizjɔ̃]	die Entscheidung	→ décider qc decision
fort/forte [fɔʀ/fɔʀt]	stark	Ma mère est la personne la plus **forte** que je connais!
positif/positive [pozitif/positiv]	positiv	J'ai reçu une réponse **positive**!
fantastique [fɑ̃tastik]	fantastisch	C'est vraiment **fantastique** ce que tu racontes!
réveiller qn [ʀevɛje]	jdn aufwecken	Tu peux me **réveiller** à six heures demain?

bavarois/bavaroise [bavarwa/bavarwas]	bayerisch	bavarian
négatif/négative [negatif/negativ]	negativ	≠ positif/positive
en conclusion [ɑ̃kɔ̃klyziɔ̃]	abschließend	conclusion

Trainiere die *Version* (Übersetzung F → D) mit dem zu *Dossier 4* passenden Übersetzungstext, S. 117 in deinem Buch.

Dossier 4 | L'Europe en direct

p. 77 **le chiffre** [ləʃifʀ]	die Zahl	Aziza est super bonne en maths: elle adore le monde des **chiffres**.
la coproduction [lakoprɔdyksjɔ̃]	die Gemeinschaftsproduktion	Cette série est une **coproduction** franco-allemande.
l'institution [lɛ̃stitysjɔ̃] *f.*	die Institution	Il y a beaucoup d'**institutions** importantes en Europe.
l'économie [lekɔnɔmi] *f.*	die Wirtschaft	economy

l'emploi [lɑ̃plwa] *m.*	der Arbeitsplatz	Mon frère cherche un **emploi** depuis longtemps.
l'éducation [ledykasjɔ̃] *f.*	die Bildung	education
la langue maternelle [lalɑ̃gmatɛʀnɛl]	die Muttersprache	Émilie a deux **langues maternelles**: l'anglais et le français.
la population [lapɔpylasjɔ̃]	die Bevölkerung	population
l'étudiant *m.* / **l'étudiante** *f.* [letydjɑ̃/letydjɑ̃t]	der Student / die Studentin	À Paris, il y a pas mal d'**étudiants**.
étudier qc [etydje]	etw. studieren	Mon grand-père **a étudié** les mathématiques.
l'habitant *m.* / **l'habitante** *f.* [labitɑ̃/labitɑ̃t]	der Bewohner / die Bewohnerin	→ habiter
le député / la députée [lədepyte/ladepyte]	der Abgeordnete / die Abgeordnete	deputy
la frontière [lafʀɔ̃tjɛʀ]	die Grenze	frontier
bilingue [bilɛ̃g] *adj.*	zweisprachig	bilingual

le consommateur / la consommatrice [ləkɔ̃sɔmatœʀ/lakɔ̃somatʀis]	der/die Verbraucherin	→ consommer consumer
commercial/commerciale [kɔmɛʀsjal] *adj.*	Handels-	commercial

Inhaltsverzeichnis *Les mots pour le dire*

1 Sich vorstellen . . . 66
2 Seinen Tag beschreiben . . . 67
3 Über Aktivitäten und Vorlieben sprechen . . . 67
4 Über das Internet sprechen . . . 68
5 Über sein Engagement sprechen . . . 69
6 Über Ökologie sprechen . . . 70
7 Über seine Ausbildung sprechen . . . 71
8 Über die Arbeit sprechen . . . 72
9 Über die Zukunft sprechen . . . 73
10 Über seine Emotionen und Gefühle sprechen . . . 74
11 Über Freundschaft sprechen . . . 75
12 Über die Familie sprechen . . . 75
13 Eine Person vorstellen, die man bewundert . . . 76
14 Eine Person beschreiben . . . 77
15 Ein Bild beschreiben . . . 77
16 Eine Stadt / Eine Region vorstellen . . . 78
17 Eine Sehenswürdigkeit vorstellen . . . 79
18 Über eine Werbung sprechen . . . 79
19 Statistiken präsentieren . . . 80
20 Seine Meinung äußern . . . 81
21 Über Musik sprechen . . . 82
22 Über einen Film / eine Fernsehsendung diskutieren . . . 83
23 Ratschläge geben . . . 84
24 Vorschläge äußern . . . 84
25 Diskutieren und argumentieren . . . 85
26 Über das Wetter sprechen . . . 87
27 Telefonieren . . . 87
28 Den Weg beschreiben . . . 88
29 Beim Arzt . . . 89
30 Shoppen gehen / Einkaufen gehen . . . 90
31 Eine Zugfahrkarte kaufen . . . 91
32 Ein Missverständnis klären . . . 91
33 Ein Gespräch aufrechterhalten und nachfragen . . . 93
34 Im Unterricht sprechen . . . 94
35 Feedback geben . . . 94

Les mots pour le dire

1 Se présenter | Sich vorstellen

2 25

Je m'appelle (Nicolas).	Ich heiße (Nicolas).
J'ai (15) ans.	Ich bin (15) Jahre alt.
J'ai les yeux (verts) et les cheveux (noirs).	Ich habe (grüne) Augen und (schwarze) Haare.
J'adore mettre (des vêtements noirs).	Ich ziehe sehr gern (schwarze Kleidung) an.
J'adore porter (des fringues à la mode).	Ich trage sehr gern (modische Klamotten).
J'ai un frère / une sœur.	Ich habe einen Bruder / eine Schwester.
Je n'ai pas de frères et sœurs.	Ich habe keine Geschwister.
Mon père est (prof).	Mein Vater ist (Lehrer).
Ma mère travaille dans (une librairie).	Meine Mutter arbeitet in (einer Buchhandlung).
J'habite à (Paris).	Ich wohne in (Paris).
Je me sens bien dans mon quartier.	Ich fühle mich in meinem Viertel wohl.
Où est-ce que tu habites?	Wo wohnst du?
Je suis content/e d'habiter ici.	Ich bin froh, hier zu wohnen.
Je viens de (Marseille).	Ich komme aus (Marseille).
D'où est-ce que tu viens?	Woher kommst du?
(Le Parkour), c'est ma passion.	(Parkour) ist meine Leidenschaft.

Mon hobby, c'est (l'escalade).	Mein Hobby ist (Klettern).
Est-ce que tu parles (arabe)?	Sprichst du (Arabisch)?

2 Décrire sa journée | Seinen Tag beschreiben

Le matin, je me lève à (7) heures.	Morgens stehe ich um (7) Uhr auf.
Le soir, je me couche à (10) heures.	Ich gehe abends um (10) Uhr ins Bett.
D'abord, je me douche.	Zuerst dusche ich.
Puis, je m'habille.	Dann ziehe ich mich an.
Je me coiffe.	Ich kämme mich.
Je me maquille.	Ich schminke mich.
Au petit-déjeuner, je mange (une tartine).	Zum Frühstück esse ich (ein belegtes Brot).
À midi, je mange (à la cantine / à la maison).	Mittags esse ich (in der Kantine / zu Hause).

3 Parler d'activités et de préférences | Über Aktivitäten und Vorlieben sprechen

Je fais (de la natation).	Ich (gehe zum Schwimmtraining).
Je prends des cours de (piano).	Ich nehme (Klavier-)Unterricht.
Je joue (de la guitare).	Ich spiele (Gitarre).
J'ai commencé à (6) ans.	Ich habe mit (6) Jahren angefangen.
(Le rugby), c'est un super sport d'équipe.	(Rugby) ist ein toller Mannschaftssport.

J'ai (deux) heures d'entraînement (par semaine).	Ich habe (zwei) Stunden Training (pro Woche).
Qu'est-ce que tu aimes faire avec (ta famille)?	Was machst du gern mit (deiner Familie)?
Je préfère (passer le week-end en famille).	Ich (verbringe das Wochenende) lieber (mit meiner Familie).
J'aime beaucoup aller (à la plage) avec (mes copains) parce qu'on peut y (jouer au volley).	Ich gehe sehr gerne mit (meinen Freunden) (an den Strand), weil wir dort (Volleyball spielen) können.
J'aime / J'adore (dessiner).	Ich (zeichne) gern / sehr gern.
Je n'aime pas / Je déteste (les séries).	Ich mag (Serien) nicht. / Ich hasse (Serien).
Mon (acteur préféré), c'est (Dany Boon).	Mein (Lieblingsschauspieler) ist (Dany Boon).
Mon (actrice préférée), c'est (Audrey Tautou).	Meine (Lieblingsschauspielerin) ist (Audrey Tautou).
Je suis fan de (Tal).	Ich bin Fan von (Tal).
J'admire (Zaz).	Ich bewundere (Zaz).

2 28

4 Parler d'Internet | Über das Internet sprechen

Qu'est-ce que tu fais sur Internet?	Was machst du im Internet?
J'utilise (très peu) Internet.	Ich nutze das Internet (sehr wenig).
Sur (mon blog), je montre (des photos).	In (meinem Blog) zeige ich (Fotos).
Je télécharge (ma musique préférée).	Ich lade (meine Lieblingsmusik) herunter.
J'ajoute souvent (des photos) à mon profil.	Ich füge oft (Fotos) zu meinem Profil hinzu.

Je (chatte) beaucoup avec (mes copains).	Ich (chatte) viel mit (meinen Freunden).
J’envoie (des e-mails).	Ich schicke (E-Mails).
Je suis (tout le temps) connecté/e.	Ich bin (immer) online.
Je ne donne jamais mon mot de passe.	Ich gebe niemals mein Passwort weiter.

5 Parler de son engagement | Über sein Engagement sprechen

Agissons contre (la faim)!	Lasst uns etwas gegen (den Hunger) unternehmen!
On s’engage contre (la faim dans le monde).	Wir engagieren uns gegen (den Hunger in der Welt).
On s’engage pour (sauver notre planète).	Wir engagieren uns, um (unseren Planeten) zu (retten).
Nous participons à (la course contre la faim).	Wir nehmen (am Lauf gegen den Hunger) teil.
On a trouvé un sponsor (pour notre projet).	Wir haben einen Sponsor (für unser Projekt) gefunden.
1/B Je voudrais travailler comme bénévole dans (une épicerie solidaire).	Ich möchte als ehrenamtliche/r Mitarbeiter/in in (einem gemeinnützigen Lebensmittelgeschäft) arbeiten.
Je suis membre d’une association qui organise (des repas solidaires).	Ich bin Mitglied eines Vereins, der (gemeinsame Essen für einen guten Zweck) organisiert.
L’association dénonce (les entreprises) (qui ne respectent pas les droits des travailleurs).	Der Verein prangert (Firmen) an, (die die Rechte der Arbeiter nicht beachten).

2 30 6 Parler de l'écologie | Über Ökologie sprechen

▶ D2/A	Je suis plutôt écolo parce que (je vais au collège à pied).	Mein Verhalten ist eher umweltfreundlich, weil (ich zu Fuß zur Schule gehe).
	Avant de quitter ma chambre, j'éteins (mon ordinateur).	Bevor ich mein Zimmer verlasse, schalte ich (meinen Computer) aus.
	Je (ne) jette (pas) tout dans les bonnes poubelles.	Ich werfe (nicht) alles in die richtigen Mülleimer.
	J'essaie de ne pas polluer l'environnement.	Ich versuche, die Umwelt nicht zu verschmutzen.
	Je (ne) recycle (pas) le papier.	Ich recycle Papier (nicht).
	Je suis contre les OGM et j'achète des produits bio.	Ich bin gegen GVO und ich kaufe Bioprodukte.
▶ D2/B	Je veux organiser des actions et persuader les autres d'y participer.	Ich möchte Aktionen organisieren und die anderen überreden, mitzumachen.
	Je voudrais remplacer (les bouteilles en plastique) par (des bouteilles en verre) qui sont moins polluantes.	Ich möchte (Plastikflaschen) durch weniger umweltschädliche (Glasflaschen) ersetzen.
	Intéressons-nous au (développement durable)!	Interessieren wir uns für (nachhaltige Entwicklung)!
	Trions nos déchets!	Lasst uns unseren Müll trennen!
	Nettoyons (la forêt)!	Lasst uns (den Wald) säubern!
	Il faut penser au (réchauffement du climat).	Man muss an (die Klimaerwärmung) denken.
	Sauvons la planète / les arbres!	Lasst uns den Planeten / die Bäume retten!

7 Parler de son éducation | Über seine Ausbildung sprechen

J'ai un emploi du temps (assez lourd).	Ich habe einen (ziemlich vollen) Stundenplan.
Je suis en (seconde).	Ich bin in der (10. Klasse).
On termine les cours à (17) heures.	Wir haben um (17) Uhr Schulschluss.
Les cours commencent trop tôt.	Der Unterricht beginnt zu früh.
Les profs (ne) sont (pas) sévères.	Die Lehrer/Lehrerinnen sind (nicht) streng.
En cours d'(allemand), on travaille souvent en groupe.	Im (Deutsch-)Unterricht arbeiten wir oft in Gruppen.
Il n'y a pas de (surveillants) dans notre collège.	Wir haben in unserer Schule keine (Aufsichts-personen).
Je bosse beaucoup parce que je prépare (le brevet).	Ich lerne viel, weil ich mich auf (die Abschlussprü-fung) vorbereite.
L'année prochaine, je vais aller au (lycée professionnel).	Nächstes Jahr gehe ich auf (das berufliche Gymnasium).
Je passe bientôt un examen.	Ich habe bald eine Prüfung.
J'ai un bon niveau en (anglais).	Ich habe in (Englisch) ein gutes Niveau.
Mes matières préférées sont (l'histoire) et (les maths).	Meine Lieblingsfächer sind (Geschichte) und (Mathe).
Plus tard, je voudrais devenir (éducateur/éducatrice).	Später möchte ich (Erzieher/Erzieherin) werden.

2 32 8 Parler du travail | Über die Arbeit sprechen

▶ D3/App	À mon avis, on travaille pour (gagner de l'argent).	Meiner Meinung nach arbeitet man, (um Geld zu verdienen).
	Pour moi, un travail doit être (intéressant).	Für mich muss eine Arbeit (interessant) sein.
	Ce n'est pas important de (gagner beaucoup d'argent).	Es ist nicht wichtig, (viel Geld zu verdienen).
	Je trouve qu'on devrait travailler pour (aider les autres).	Ich finde, dass man arbeiten sollte, (um anderen zu helfen).
	Je dois avoir envie de travailler, c'est important.	Ich muss Lust auf die Arbeit haben, das ist wichtig.
▶ D3/A	Plus tard, est-ce que tu veux travailler (dans un bureau / en équipe / en plein air)?	Möchtest du später (in einem Büro / in einem Team / im Freien) arbeiten?
	Tu pourrais devenir (styliste) parce que tu es (créatif/créative).	Du könntest (Stylist/Stylistin) werden, weil du (kreativ) bist.
	Tu pourrais trouver un métier dans le domaine (social).	Du könntest einen Beruf im (sozialen) Bereich finden.
	Tu devrais faire un stage (dans un garage).	Du solltest ein Praktikum (in einer Autowerkstatt) machen.
	Comme ça, tu peux voir si (tu aimes bien ce métier).	So kannst du sehen, ob (du diesen Beruf magst).

Tu pourrais trouver un job d'été pour avoir de l'expérience dans ce domaine.	Du könntest einen Ferienjob finden, um Erfahrung in diesem Bereich zu sammeln.
3/B Pour faire ce métier, il faut faire une formation de (pâtissier/pâtissière).	Um diesen Beruf auszuüben, muss man eine Ausbildung zum (Konditor) / zur (Konditorin) machen.
La formation dure (deux) ans.	Die Ausbildung dauert (zwei) Jahre.
L'avantage de ce métier, c'est qu'(on peut travailler à l'étranger).	Der Vorteil dieses Berufs ist, dass (man im Ausland arbeiten kann).
Le désavantage, c'est qu'(il faut se lever tôt).	Der Nachteil ist, dass (man früh aufstehen muss).
Le salaire est (bon).	Das Gehalt ist (gut).
Un employé gagne (1500 €) brut par mois.	Ein Angestellter verdient (1500 €) brutto im Monat.

9 Parler de l'avenir | Über die Zukunft sprechen

En 2050, il y aura (la paix dans le monde).	Im Jahr 2050 wird es (Frieden auf der Welt) geben.
Je serai (ingénieur) et je travaillerai (à l'étranger).	Ich werde (Ingenieur) sein und (im Ausland) arbeiten.
Plus tard, j'habiterai (dans une grande maison).	Später werde ich (in einem großen Haus) wohnen.

2 34 10 Parler de ses émotions et sentiments | Über seine Emotionen und Gefühle sprechen

Je me sens (bien).	Ich fühle mich (wohl).
Je n'ai pas le moral.	Ich bin nicht gut drauf.
J'ai souvent peur.	Ich habe oft Angst.
Je suis amoureux/amoureuse (d'elle / de lui).	Ich bin (in sie/ihn) verliebt.
Je suis fier/fière de (ma mère).	Ich bin stolz auf (meine Mutter).
J'étais furieux/furieuse parce que (tu n'étais jamais à la maison).	Ich war wütend, weil (du nie zu Hause warst).
Je suis malheureux/malheureuse.	Ich bin unglücklich.
Je suis heureux/heureuse quand (je peux parler avec toi).	Ich bin glücklich, wenn (ich mit dir reden kann).
Je suis content/contente.	Ich bin glücklich/zufrieden.
Je suis triste.	Ich bin traurig.
Ça m'énerve!	Das nervt!
▶ D4/A Ça me soûle! *fam.*	Das nervt!
Je suis dégoûté/dégoûtée!	Das ist ätzend!
Je suis gêné/gênée.	Das ist mir peinlich.
Je me sens mal à l'aise.	Ich fühle mich unwohl.

11 Parler d'amitié | Über Freundschaft sprechen

(Yann), c'est mon meilleur ami. / (Élise), c'est ma meilleure amie.	(Yann) ist mein bester Freund. / (Élise) ist meine beste Freundin.
J'ai connu (Xavier) à la maternelle.	Ich habe (Xavier) im Kindergarten kennengelernt.
Pour moi, un meilleur ami, c'est quelqu'un que (je comprends) et qui (comprend mes problèmes).	Für mich ist ein bester Freund jemand, den (ich verstehe) und der (meine Probleme versteht).
On est pareils/pareilles.	Wir sind gleich.
On est différents/différentes.	Wir sind verschieden.
Il/Elle est toujours là pour moi.	Er/Sie ist immer für mich da.
On se dit tout et on partage tout.	Wir sagen uns alles und wir teilen alles.
On n'a pas de secrets l'un / l'une pour l'autre.	Wir haben keine Geheimnisse voreinander.
J'ai confiance en lui/elle.	Ich vertraue ihm/ihr.
Il/Elle me remonte le moral.	Er/Sie vertreibt meine schlechte Laune.

12 Parler de la famille | Über die Familie sprechen

Pour moi, la famille, (ce sont toutes les personnes qui s'occupent d'un enfant).	Für mich (besteht) eine Familie (aus allen Personen, die sich um ein Kind kümmern).
Les amis font aussi partie de la famille.	Freunde sind auch Teil der Familie.

Mon (père) a (une nouvelle femme) et j'ai (un demi-frère).	Mein (Vater) hat (eine neue Frau) und ich habe (einen Halbbruder).
Je trouve que les relations familiales sont (compliquées).	Ich finde Familienbeziehungen (kompliziert).
On ne choisit pas sa famille.	Man sucht sich seine Familie nicht aus.
Je me dispute souvent avec (ma sœur).	Ich streite mich oft mit (meiner Schwester).
Dans ma famille, on (s'aime) et on adore (passer du temps ensemble).	In meiner Familie (mögen) wir (uns) und wir (verbringen sehr gerne Zeit miteinander).

2
37

13 Présenter une personne qu'on admire | Eine Person vorstellen, die man bewundert

La personne que j'admire, c'est (mon voisin).	Die Person, die ich bewundere, ist (mein Nachbar).
Il/Elle travaille pour (Médecins Sans Frontières).	Er/Sie arbeitet für (Ärzte ohne Grenzen).
Je le/la connais depuis (10 ans).	Ich kenne ihn/sie seit (10 Jahren).
Il/Elle est (super sympa) et (motivé/motivée).	Er/Sie ist (sehr nett) und (motiviert).
Il/Elle pense toujours aux autres.	Er/Sie denkt immer an die anderen.
Je l'admire parce que (le travail qu'il/elle fait est incroyable).	Ich bewundere ihn/sie, weil (es unglaublich ist, was er/sie leistet).
Plus tard, je voudrais être comme lui/elle.	Später möchte ich wie er/sie sein.

14 Décrire une personne | Eine Person beschreiben

Il/Elle est (grand/grande).	Er/Sie ist (groß).
Il/Elle a les cheveux (bruns).	Er/Sie hat (braune) Haare.
Il/Elle a les yeux (marron).	Er/Sie hat (braune) Augen.
Il/Elle porte (une casquette rouge) et (un jean bleu).	Er/Sie trägt (eine rote Basecap) und (blaue Jeans).
Il/Elle porte (un tee-shirt blanc) et (des baskets).	Er/Sie trägt (ein weißes T-Shirt) und (Turnschuhe).
Il/Elle porte (des vêtements de sport).	Er/Sie trägt (Sportklamotten).
Il/Elle a un style (cool).	Er/Sie hat einen (coolen) Stil.
Il/Elle a l'air (sympa).	Er/Sie sieht (nett) aus.

15 Décrire une image | Ein Bild beschreiben

Il s'agit d'un tableau (d'une famille).	Es handelt sich um ein Gemälde (von einer Familie).
C'est une affiche / une publicité pour (un festival).	Es ist ein Plakat / eine Werbung für (ein Festival).
À gauche, / À droite, / Au centre, on voit (un homme).	Links / Rechts / In der Mitte sieht man (einen Mann).
Au premier plan, / À l'arrière-plan, il y a (la mer).	Im Vordergrund / Im Hintergrund ist (das Meer).
Quand on regarde (la photo), on se sent (bien).	Wenn man (das Foto) anschaut, fühlt man sich (wohl).
Le message est (clair/intéressant).	Die Botschaft ist (klar/interessant).

À mon avis, ce (tableau) est (magnifique) parce que (les couleurs sont belles).	Meiner Meinung nach ist dieses (Gemälde) (wunderbar), weil (die Farben schön sind).

2 40

16 Présenter une ville / une région | Eine Stadt / Eine Region vorstellen

(Sine Moussa Abdou) est un petit village qui se trouve (à l'est) de (Dakar).	(Sine Moussa Abdou) ist ein kleines Dorf, das sich (östlich) von (Dakar) befindet.
La région se trouve dans (le sud) du (Maroc).	Die Region befindet sich im (Süden) von (Marokko).
Dans cette région, il y a (des montagnes) et (un désert).	In dieser Region gibt es (Berge) und (eine Wüste).
Le (quartier) n'est pas loin de (la plage).	Das (Viertel) ist nicht weit vom (Strand).
Il fait (très chaud) en (été).	Im (Sommer) ist es (sehr heiß).
En (Tunisie), on parle (arabe).	In (Tunesien) spricht man (Arabisch).
Il y a un (château) célèbre dans cette ville.	In dieser Stadt gibt es ein berühmtes (Schloss).
La spécialité de la région, c'est (le chocolat).	Die Spezialität der Region ist (Schokolade).
Le symbole de la ville, c'est (la fontaine).	Das Wahrzeichen der Stadt ist (der Brunnen).
Le monument le plus célèbre de la ville, c'est (la cathédrale).	Die berühmteste Sehenswürdigkeit der Stadt ist (die Kathedrale).

17 Présenter un monument | Eine Sehenswürdigkeit vorstellen

Ce monument a été construit en (1806).	Dieses Denkmal wurde im Jahr (1806) errichtet.
(7 millions) de touristes par an visitent (la tour Eiffel).	(7 Millionen) Touristen besichtigen pro Jahr (den Eiffelturm).
C'est (la cathédrale) la plus célèbre de (Paris).	Das ist die berühmteste (Kathedrale) von (Paris).
J'aimerais visiter ce monument parce que (son histoire est intéressante).	Ich möchte diese Sehenswürdigkeit besichtigen, weil (ihre Geschichte interessant ist).
J'aimerais y aller parce que c'est très intéressant.	Ich möchte dort hingehen, weil es sehr interessant ist.
(Le château de Versailles) se trouve à (20) kilomètres (à l'ouest) de (Paris).	(Das Schloss von Versailles) liegt (20) Kilometer (westlich) von (Paris).
(Le roi Louis XIV) a habité dans ce château.	(König Ludwig XIV.) hat in diesem Schloss gewohnt.

18 Parler d'une publicité | Über eine Werbung sprechen

Les publicités peuvent nous manipuler.	Werbung kann uns manipulieren.
Les entreprises utilisent des arguments (écologiques) pour vendre plus de produits.	Die Firmen verwenden (ökologische) Argumente, um mehr Produkte zu verkaufen.
Voici une publicité pour une entreprise (qui vend des produits écologiques).	Dies ist eine Werbung für eine Firma, (die umweltfreundliche Produkte verkauft).

D'après le slogan, (laver son linge avec ce produit est un geste pour la nature).	Laut dem Slogan (tut man etwas für die Natur, wenn man seine Wäsche mit diesem Produkt wäscht).
La couleur (verte) suggère un produit qui (est bon pour l'environnement).	Die (grüne) Farbe deutet an, dass es sich um ein Produkt handelt, das (gut für die Umwelt ist).
Le slogan s'écrit en (vert) pour (convaincre les clients).	Der Slogan wird in (Grün) geschrieben, um (die Kunden zu überzeugen).
On répète le mot («éco») pour nous persuader qu'il s'agit d'(un produit écologique).	Das Wort („Öko") wird wiederholt, um uns davon zu überzeugen, dass es sich um (ein umweltfreundliches Produkt) handelt.
On parle de (cette lessive) comme d'un produit qui (protège la nature).	Von (diesem Waschmittel) wird wie von einem Produkt, das (die Natur schützt), gesprochen.
On nous apprend que (le produit est biodégradable).	Man erfährt, dass (das Produkt biologisch abbaubar ist).

2
43

19 Présenter des statistiques | Statistiken präsentieren

▶ D1/App

Pour (46) % des jeunes, c'est important (d'avoir un travail intéressant).	Für (46) % der Jugendlichen ist es wichtig, (eine interessante Arbeit zu haben).
Dans notre classe, (55) % des élèves veulent (un travail intéressant plus tard).	In unserer Klasse wollen (55) % der Schüler (später eine interessante Arbeit) haben.
La moitié des élèves (veulent voyager beaucoup).	Die Hälfte der Schüler (wollen viel reisen).

Pour seulement (1) % des élèves, réussir sa vie, ça veut dire (être célèbre).	Für nur (1) % der Schüler bedeutet erfolgreich im Leben zu sein, (berühmt zu sein).
82 % des Allemands sont contre (les OGM).	82 % der Deutschen sind gegen (die GVO).
Si tout le monde vivait comme les Français, il faudrait trois planètes.	Wenn alle wie die Franzosen leben würden, bräuchte man drei Planeten.
Cette statistique présente (l'Europe en chiffres).	Diese Statistik stellt (Europa in Zahlen) dar.
(14) % de la population européenne parlent français comme langue maternelle.	(14)% der europäischen Bevölkerung sprechen Französisch als Muttersprache.
Il y a plus d'(élèves allemands qui apprennent le français) que d'(élèves français qui apprennent l'allemand).	Es gibt mehr (deutsche Schüler/innen, die Französisch lernen) als (französische Schüler/innen, die Deutsch lernen).
Il y a moins d'habitants (en France) qu'(en Allemagne).	(Frankreich) hat weniger Einwohner als (Deutschland).

20 Donner son avis | Seine Meinung äußern

Je trouve que c'est (super/formidable/important/ nul/ horrible).	Ich finde, dass es (super/toll/wichtig/doof/ schrecklich) ist.
Je crois que c'est (trop cher/risqué).	Ich glaube, dass es (zu teuer/riskant) ist.
Je pense que (ce n'est pas assez).	Ich denke, dass (es nicht genug ist).
À mon avis, ce n'est pas une bonne idée.	Meiner Meinung nach ist das keine gute Idee.

Ce n'est pas mon truc.	Das ist nicht mein Ding.
Ce n'est pas possible!	Das ist doch nicht möglich!
C'est ça qui compte.	Das ist es, was zählt.
Ça m'est égal.	Das ist mir egal.
Ça dépend.	Das kommt darauf an.
Je ne suis pas de ton avis.	Ich bin nicht deiner Meinung.
Je (ne) suis (pas) d'accord avec toi.	Ich bin (nicht) mit dem einverstanden, was du sagst.
Je suis pour/contre.	Ich bin dafür/dagegen.
C'est vrai. / Ce n'est pas vrai.	Das stimmt. / Das stimmt nicht.
Tu as raison.	Du hast recht.

2 45

21 Parler de musique | Über Musik sprechen

Je préfère les chansons (de rap).	Ich höre lieber (Rap-)Songs.
Je préfère la chanson de (Stromae) parce que j'aime (le refrain) et c'est top pour (danser).	Ich mag das Lied von (Stromae) lieber, weil ich (den Refrain) mag und es toll zum (Tanzen) ist.
J'aime la musique de (Tryo) parce que c'est (joyeux).	Ich mag die Musik von (Tryo), weil sie (fröhlich) ist.
Je trouve que la chanson d'(Archimède) est (super).	Ich finde, dass das Lied von (Archimède) (super) ist.
À mon avis, le chanteur / la chanteuse chante (bien/mal).	Meiner Meinung nach singt der Sänger / die Sängerin (gut/schlecht).

22 Discuter d'un film / d'une émission | Über einen Film / eine Fernsehsendung diskutieren

Quelle émission est-ce que tu veux regarder?	Welche Sendung möchtest du dir anschauen?
(Les émissions sur les animaux) ne me plaisent pas trop.	(Tiersendungen) gefallen mir nicht so gut.
Je préfère (les films d'animation).	Ich mag (Animationsfilme) lieber.
(Les histoires d'amitié), ça m'intéresse.	Mich interessieren (Geschichten über Freundschaft).
J'ai envie de regarder le film avec (Jamel) parce qu'il y a (des scènes drôles).	Ich möchte mir den Film mit (Jamel) anschauen, weil darin (lustige Szenen) vorkommen.
Je voudrais regarder («Tintin») parce qu'il y a (des bons effets spéciaux).	Ich würde mir gern („Tim und Struppi") anschauen, weil (die Spezialeffekte gut) sind.
On voudrait regarder («Intouchables») parce qu'on pense que (le film est drôle).	Wir möchten („Ziemlich beste Freunde") sehen, weil wir denken, dass (der Film lustig ist).
On ne veut pas regarder ce film parce que (les films romantiques) ne nous plaisent pas trop.	Wir wollen diesen Film nicht sehen, weil uns (romantische Filme) nicht so gefallen.

2 47 23 Donner des conseils | Ratschläge geben

	Il faut (trouver des arguments).	Du musst / Man muss (Argumente finden).
	Il ne faut pas (baisser les bras).	Du darfst / Man darf / Wir dürfen nicht (aufgeben).
	Pourquoi tu n'en parles pas avec (tes parents)?	Warum redest du nicht mit (deinen Eltern) darüber?
▶ D1/A	À ta place, je (ne) ferais (pas) (le marathon).	An deiner Stelle würde ich (den Marathon) (nicht) laufen.
▶ D3/A	Tu pourrais (devenir infirmier) parce que (tu aimes aider les autres).	Du könntest (Krankenpfleger werden), weil (du gerne anderen hilfst).
	Je te conseille de (parler à tes parents).	Ich rate dir, (mit deinen Eltern zu reden).
	Tu devrais (te renseigner).	Du solltest (dich erkundigen).

2 48 24 Faire une suggestion | Vorschläge äußern

J'aimerais avoir plus d'(ordinateurs au CDI).	Ich hätte gerne mehr (Computer in der Schulbibliothek).
J'aimerais avoir moins de (surveillants).	Ich hätte gerne weniger (Aufsichtspersonen).
Il nous manque (un endroit pour nous retrouver).	Uns fehlt (ein Ort, wo wir uns treffen können).
Je voudrais changer (l'heure de la récré).	Ich würde gerne (die Pausenzeiten) ändern.
Je voudrais avoir la possibilité de (faire du sport pendant la récré).	Ich hätte gerne die Möglichkeit, (während der Pause Sport zu machen).

25 Discuter et argumenter | Diskutieren und argumentieren

B/C Anliegen/Problem äußern

Je voudrais (avoir plus d'argent de poche).	Ich möchte (mehr Taschengeld bekommen).
Est-ce que je peux (avoir plus d'argent de poche)?	Kann ich (mehr Taschengeld bekommen)?

Zustimmen/Ablehnen

D'accord, mais on doit en discuter.	In Ordnung, aber wir müssen darüber reden.
Je ne sais pas, je dois réfléchir à la question.	Ich weiß nicht, ich muss über die Frage nachdenken.
Ce n'est pas possible.	Das ist nicht möglich.
Le problème, c'est qu'(on te donne déjà beaucoup d'argent de poche).	Das Problem ist, dass (wir dir schon viel Taschengeld geben).

Einen Vorschlag / Einen Gegenvorschlag machen

Tu pourrais (chercher un petit boulot).	Du könntest (dir einen Nebenjob suchen).
Attends, j'ai une idée. Tu peux choisir: (tu aides à la maison et je te donne plus d'argent) ou (tu ne fais rien et tu n'as pas plus d'argent de poche).	Warte, ich habe eine Idee. Du kannst es dir aussuchen: (Entweder hilfst du zu Hause und ich gebe dir mehr Geld) oder (du machst nichts und bekommst nicht mehr Taschengeld).
Pourquoi tu ne (cherches) pas (un petit boulot)?	Warum (suchst) du nicht (einen Nebenjob)?

Abwägen/Einlenken

L'avantage (d'un petit boulot), c'est que (tu gagnes de l'argent).	Der Vorteil (von einem Nebenjob) ist, dass (du Geld verdienst).
Le désavantage, c'est que (tes samedis ne sont plus libres).	Der Nachteil ist, dass (du samstags nicht mehr frei hast).
D'un côté, (tu dis que tu n'as pas le temps) mais de l'autre, (tu retrouves tes copains)!	Einerseits (sagst du, dass du keine Zeit hast), aber andererseits (triffst du dich mit deinen Freunden)!
Tu peux (avoir plus d'argent de poche) mais je veux que (tu achètes aussi tes vêtements avec cet argent).	Du kannst (mehr Taschengeld bekommen), aber ich will, dass (du auch deine Kleidung von dem Geld kaufst).
Tu dois me comprendre.	Du musst mich verstehen.
Je ne veux pas que tu (aies des problèmes).	Ich will nicht, dass du (Probleme bekommst).
Laisse-moi parler!	Lass mich ausreden!

Sich einigen

D'accord, on fait comme ça.	In Ordnung, so machen wir das.
D'accord, c'est une bonne solution.	In Ordnung, das ist eine gute Lösung.

26 Parler du temps qu'il fait | Über das Wetter sprechen

Quel temps fait-il?	Wie ist das Wetter?
J'écoute la météo.	Ich höre den Wetterbericht.
Combien de degrés est-ce qu'il fait (à Paris)?	Wie viel Grad sind es (in Paris)?
Il fait beau.	Es ist schön.
Il fait chaud.	Es ist heiß.
Il fait froid.	Es ist kalt.
Il fait 20 degrés.	Es sind 20 Grad.
Il neige.	Es schneit.
Il pleut.	Es regnet.
Il gèle.	Es ist eiskalt. / Es friert.
Il y a du vent.	Es ist windig.

27 Parler au téléphone | Telefonieren

Allô?	Hallo?
Bonjour, (Félix Jeunet) à l'appareil.	Guten Tag, (Félix Jeunet) am Apparat.
Je voudrais parler à (Monsieur Dugrand), s'il vous plaît.	Ich möchte bitte (Herrn Dugrand) sprechen.

Oui, je vous le/la passe.	Ja, ich gebe ihn/sie Ihnen.
Il/Elle n'est pas là pour le moment.	Er/Sie ist im Augenblick nicht da.
C'est à quel sujet?	Worum geht es?
C'est pour (le stage dans votre entreprise).	Es geht um (das Praktikum in Ihrem Unternehmen).
Est-ce que je peux rappeler plus tard?	Kann ich später noch einmal anrufen?
Est-ce que je peux laisser un message?	Kann ich eine Nachricht hinterlassen?

2 52

28 Décrire le chemin | Den Weg beschreiben

Pardon, madame/monsieur, on cherche la route pour aller à (Nantes).	Entschuldigen Sie, wir suchen die Straße nach (Nantes).
Vous prenez (la première rue) (à gauche).	Sie nehmen / Ihr nehmt die (erste Straße) (links).
Après (500 mètres), vous tournez (à droite).	Nach (500 Metern) biegen Sie / biegt ihr (rechts) ab.
Au (deuxième) carrefour, vous tournez (à gauche).	An der (zweiten) Kreuzung biegen Sie / biegt ihr (links) ab.
Au feu, vous tournez (à droite).	Bei der Ampel biegen Sie / biegt ihr (rechts) ab.
Au bout de la rue, vous tournez (à gauche).	Am Ende der Straße biegen Sie / biegt ihr (links) ab.
Vous traversez (deux rues).	Sie überqueren / Ihr überquert (zwei Straßen).
Vous continuez toujours tout droit.	Sie gehen / Ihr geht immer weiter geradeaus.

Pardon, madame/monsieur, pour aller à (la tour Eiffel), il faut prendre quel métro, s'il vous plaît?	Entschuldigen Sie bitte, mit welcher U-Bahn kommt man (zum Eiffelturm)?
Vous allez en (métro).	Sie fahren / Ihr fahrt mit (der U-Bahn).
Vous prenez la ligne (4) direction («Mairie de Montrouge») jusqu'à («Saint-Michel»).	Sie nehmen / Ihr nehmt die Linie (4) Richtung („Mairie de Montrouge") bis („Saint-Michel").
Là, vous changez.	Dort steigen Sie / steigt ihr um.
Prenez (le RER). C'est direct.	Nehmen Sie / Nehmt (die S-Bahn). Sie fährt direkt dorthin.
Descendez à la station («Champ de Mars»).	Steigen Sie / Steigt an der Station („Champ de Mars") aus.

29 Chez le médecin | Beim Arzt

Bonjour, comment allez-vous?	Guten Tag, wie geht es Ihnen?
J'ai mal au (ventre) et à (la tête).	Ich habe (Bauch-) und (Kopf-)Schmerzen.
Depuis quand est-ce que vous avez mal à (la gorge)?	Seit wann haben Sie (Hals-)Schmerzen?
Je vais vérifier si vous avez de la fièvre.	Ich werde prüfen, ob Sie Fieber haben.
Je vous prescris ce médicament.	Ich verschreibe Ihnen dieses Medikament.
Prenez un comprimé à chaque repas pendant sept jours.	Nehmen Sie eine Woche lang eine Tablette zu jeder Mahlzeit.
Où se trouve la pharmacie?	Wo befindet sich die Apotheke?

30 Faire du shopping / Faire les courses | Shoppen gehen / Einkaufen gehen

2
54

Je voudrais essayer (ce pull).	Ich möchte (diesen Pulli) anprobieren.
Je prends (ce pantalon).	Ich nehme (diese Hose).
Est-ce que vous avez (ce tee-shirt) en taille (40)?	Haben Sie (dieses T-Shirt) in Größe (40)?
(Ces baskets) sont (trop petites).	(Diese Turnschuhe) sind (zu klein).
(Le bracelet) est (cassé).	(Das Armband) ist (kaputt).
Je voudrais (les) échanger.	Ich möchte (sie) umtauschen.
Combien coûte (ce bracelet)?	Wie viel kostet (dieses Armband)?
Je voudrais deux kilos de (bananes), s'il vous plaît.	Ich hätte gern zwei Kilo (Bananen), bitte.
Et avec ça?	Darf es noch etwas sein?

31 Acheter un billet de train | Eine Zugfahrkarte kaufen

Je voudrais un aller simple, s'il vous plaît.	Ich möchte eine einfache Fahrkarte bitte.
Combien coûte l'aller-retour?	Wie viel kostet die Hin- und Rückfahrkarte?
Je voudrais réserver une place côté couloir / côté fenêtre.	Ich möchte einen Platz am Gang / am Fenster reservieren.
Je voudrais partir (dimanche matin).	Ich möchte (am Sonntagvormittag) losfahren.
Le prochain train pour (Paris) est à quelle heure?	Um wie viel Uhr fährt der nächste Zug nach (Paris)?
Est-ce que vous pouvez me donner les horaires des trains pour (Lyon), s'il vous plaît?	Können Sie mir bitte den Fahrplan für die Züge nach (Lyon) geben?
Est-ce qu'il y a des tarifs réduits?	Gibt es ermäßigte Preise?
Est-ce que je dois composter mon billet?	Muss ich meine Fahrkarte entwerten?

32 Expliquer un malentendu | Ein Missverständnis klären

(«Glas») ne veut pas dire («glace»), mais («verre»).	(„Glas") bedeutet nicht („glace"), sondern („verre").
(«Tricot») ressemble au mot allemand («Trikot»), mais ça veut dire («Stricken»).	(„Tricot") klingt wie das deutsche Wort („Trikot"), aber es bedeutet („Stricken").
Comment est-ce qu'on dit («Föhn») en français?	Wie sagt man („Föhn") auf Französisch?
C'est quelque chose qu'on utilise pour (les cheveux).	Das ist etwas, das man für (die Haare) verwendet.

Les Allemands disent («halb sechs») pour («cinq heures et demie»).	Die Deutschen sagen („halb sechs“) für („cinq heures et demie“).
Tu veux dire («un comprimé»), pas («une tablette»).	Du meinst („Tablette“), nicht („Schokoladentafel“).
C'est un endroit où (on peut faire du shopping).	Das ist ein Ort, an dem (man shoppen gehen kann).
C'est (une soupe) qu'on fait avec (du poisson).	Das ist (eine Suppe), die man mit (Fisch) macht.
Ça ressemble à (un portable) mais c'est (plus grand).	Es sieht wie (ein Handy) aus, aber es ist (größer).
Il s'agit d'une chose qu'(on utilise pour faire un gâteau).	Es handelt sich um eine Sache, die (man zum Kuchenbacken verwendet).

Expressions idiomatiques

À ton avis, qu'est-ce que ces expressions idiomatiques (Redensarten) veulent dire? ▸ Solutions p. 191 dans ton livre

parler français comme une vache espagnole filer à l'anglaise mettre les pieds dans le plat tomber dans les pommes poser un lapin à qn être un cordon bleu

33 Maintenir une conversation et poser des questions | Ein Gespräch aufrechterhalten und nachfragen

Sicherstellen, dass du den anderen verstehst

Pardon?	Wie bitte?
Qu'est-ce que tu as / vous avez dit?	Was hast du / haben Sie gesagt?
Est-ce que tu peux répéter, s'il te plaît?	Kannst du das bitte wiederholen?
Est-ce que vous pouvez répéter, s'il vous plaît?	Können Sie das bitte wiederholen?

Zeit gewinnen, um deine Gedanken zu sortieren

Euh ... / Bien ...	Äh ... / Naja ...
Je ne suis pas sûr/sûre ...	Ich bin nicht sicher ...
Alors ...	Also ...
Comment dire?	Wie soll ich das sagen?

Den anderen zum Weiterreden ermuntern

C'est vrai?	Wirklich?
Ah oui? C'est intéressant.	Ach ja? Das ist interessant.
Tu es sûr/sûre? / Vous êtes sûr/sûre?	Bist du sicher? / Sind Sie sicher?

34 Parler en cours | Im Unterricht sprechen

2 58

Comment ça s'écrit?	Wie schreibt man das?
Comment ça se prononce?	Wie spricht man das aus?
Je ne comprends pas (cet exercice).	Ich verstehe (diese Übung) nicht.
Est-ce que je peux travailler avec (Max)?	Kann ich mit (Max) zusammenarbeiten?
On a le droit de présenter les premiers?	Dürfen wir als Erste präsentieren?
Nous avons travaillé en groupe (de trois).	Wir haben in einer (Dreier-)Gruppe gearbeitet.
Quels sont les devoirs pour (la semaine prochaine)?	Was sind die Hausaufgaben für (nächste Woche)?
Je ne sais pas (où on en est dans le texte).	Ich weiß nicht, (wo wir im Text sind).
Désolé/e. J'ai oublié (mon cahier) à la maison.	Es tut mir leid. Ich habe (mein Heft) zu Hause vergessen.
Excusez-moi d'être en retard.	Entschuldigen Sie, dass ich zu spät bin.

35 Évaluer | Feedback geben

2 59

Dire quelque chose de positif | Loben

Ta (présentation) m'a plu parce que (tu as bien parlé et on a tout compris).	Dein (Vortrag) hat mir gefallen, weil (du gut geredet hast und man alles verstanden hat).
À mon avis (ta présentation) était (bien).	Meiner Meinung nach war (dein Vortrag) (gut).

Je trouve que tu as bien organisé tes idées.	Ich finde, dass du deine Ideen gut strukturiert hast.
On peut voir que tu as passé beaucoup de temps à préparer ta présentation.	Man merkt, dass du viel Zeit in die Vorbereitung deines Vortrags gesteckt hast.
J'ai surtout aimé (la présentation des personnages).	Mir hat vor allem (die Vorstellung der Figuren) gefallen.
Je trouve que tu as bien expliqué (l'histoire).	Ich finde, dass du (die Geschichte) gut erklärt hast.
Les photos sur ton affiche montrent bien (les spécialités de la région).	Die Fotos auf deinem Poster zeigen (die Spezialitäten der Region) gut.
Tu as bien décrit (les monuments de notre région).	Du hast (die Sehenswürdigkeiten unserer Region) gut beschrieben.
Je trouve que ta prononciation est bonne.	Ich finde, dass deine Aussprache gut ist.
Tu as utilisé beaucoup d'expressions différentes.	Du hast viele verschiedene Wendungen benutzt.

Faire une critique | Eine Kritik äußern

Mais on ne t'entendait pas bien.	Aber wir konnten dich nicht gut hören.
Par contre, tu n'as pas bien (appris ton texte).	Allerdings hast du (deinen Text nicht gut gelernt).
Tu as oublié d'(expliquer les mots difficiles).	Du hast vergessen, (die schwierigen Wörter zu erklären).
On n'a pas bien compris.	Wir haben es nicht richtig verstanden.
Tu as parlé trop (vite).	Du hast zu (schnell) gesprochen.

Donner un conseil | Einen Ratschlag geben

La prochaine fois, tu devrais (parler plus fort).	Das nächste Mal solltest du (lauter sprechen).
Je pense que tu dois (mieux apprendre ton texte).	Ich denke, dass du (deinen Text besser lernen) musst.
Tu pourrais t'entraîner avec tes copains.	Du könntest mit deinen Freunden üben.
Je crois qu'il faut (expliquer les mots difficiles).	Ich glaube, du musst (die schwierigen Wörter erklären).